新时代乡村产业振兴干部读物系列

U0659029

新型乡村人才培养

农业农村部乡村产业发展司　组编

中国农业出版社
农村读物出版社
北　京

图书在版编目（CIP）数据

新型乡村人才培养 / 农业农村部乡村产业发展司组
编 . —北京：中国农业出版社，2022.1
（新时代乡村产业振兴干部读物系列）
ISBN 978 - 7 - 109 - 28394 - 7

Ⅰ.①新… Ⅱ.①农… Ⅲ.①农村－社会主义建设－
人才培养－中国－干部教育－学习参考资料 Ⅳ.
①F320.3

中国版本图书馆 CIP 数据核字（2021）第 120369 号

中国农业出版社出版
地址：北京市朝阳区麦子店街 18 号楼
邮编：100125
责任编辑：冀 刚 文字编辑：胡烨芳
版式设计：王 晨 责任校对：吴丽婷
印刷：中农印务有限公司
版次：2022 年 1 月第 1 版
印次：2022 年 1 月北京第 1 次印刷
发行：新华书店北京发行所
开本：700mm×1000mm 1/16
印张：13.5
字数：230 千字
定价：58.00 元

丛书编委会

本书编委会

主　编　张晓丹　黑龙江省人大常委会、哈尔滨商业大学
　　　　赵　建　东北农业大学
副主编　庞金波　东北农业大学
　　　　王宏蕾　东北农业大学
　　　　刘方媛　东北农业大学
参　编　黄　凤　东北农业大学
　　　　付　林　东北农业大学
　　　　翟洪江　东北农业大学
　　　　田丽莹　东北农业大学
　　　　苗海玲　东北农业大学

序

　　民族要复兴，乡村必振兴。产业振兴是乡村振兴的重中之重。当前，全面推进乡村振兴和农业农村现代化，其根本是汇聚更多资源要素，拓展农业多种功能，提升乡村多元价值，壮大县域乡村富民产业。国务院印发《关于促进乡村产业振兴的指导意见》，农业农村部印发《全国乡村产业发展规划（2020—2021年）》，需要进一步统一思想认识、推进措施落实。只有聚集更多力量、更多资源、更多主体支持乡村产业振兴，只有乡村产业主体队伍、参与队伍、支持队伍等壮大了，行动起来了，乡村产业振兴才有基础、才有希望。

　　乡村产业根植于县域，以农业农村资源为依托，以农民为主体，以农村一二三产业融合发展为路径，地域特色鲜明、创新创业活跃、业态类型丰富、利益联结紧密，是提升农业、繁荣农村、富裕农民的产业。当前，一批彰显地域特色、体现乡村气息、承载乡村价值、适应现代需要的乡村产业，正在广阔天地中不断成长、蓄势待发。

　　近年来，全国农村一二三产业融合水平稳步提升，农产品加工业持续发展，乡村特色产业加快发展，乡村休闲旅游业蓬勃发展，农村创业创新持续推进。促进乡村产业振兴，基层干部和广大经营者迫切需要相关知识启发思维、开阔视野、提升水平，"新时代乡村产业振兴干部读物系列""乡村产业振兴八大案例"便应运而生。丛书由农业农村部乡村产业发展司组织全国相关专家学者编写,以乡村产业振兴各级相关部门领导干部为主要读者对象,从乡村产业振兴总论、现代种养业、农产品加工流通业、乡土特色产业、乡村休闲旅游业、乡村服务业等方面介绍了基本知识和理论、以往好的经验做法,同时收集了脱贫典型案例、种养典型案例、融合典型案例、品牌典型案例、园区典型案例、休闲农业典型案例、农村电商典型案例、抱团发展典型案例等,为今后工作提供了新思路、新方法、新案例,是一套集理论性、知识性和指导性于一体的经典之作。

丛书针对目前乡村产业振兴面临的时代需求、发展需求和社会需求,层层递进、逐步升华、全面覆盖,为读者提供了贴近社会发展、实用直观的知识体系。丛书紧扣中央三农工作部署,组织编写专家和编辑人员深入生产一线调研考察,力求切实解决实际问题,为读者答疑解惑,并从传统农业向规模化、特色化、品牌化方向转变展开编写,更全面、精准地满足当今乡村产业发展的新需求。

发展壮大乡村富民产业,是一项功在当代、利在千秋、使命光荣的历史任务。我们要认真学习贯彻习近平总书记关于三农工作重要论述,贯彻落实党中央、国务院的决策部署,锐意进取,攻坚克难,培育壮大乡村产业,为全面推进乡村振兴和加快农业农村现代化奠定坚实基础。

农业农村部总农艺师　曾衍德

前　言

　　实施乡村振兴战略是以习近平同志为核心的党中央对"三农"工作作出的重大决策部署。全面推进乡村振兴，人才振兴是关键。加快推进乡村人才振兴，造就一支懂农业、爱农村、爱农民的"三农"工作队伍，培养有文化、懂技术、善经营、会管理的高素质农民和农村实用人才、创新创业带头人，既是中央部署的工作要求，也是基层实践的迫切需要。2019年，农业农村部乡村产业发展司策划指导编纂了"乡村产业振兴干部读物系列"丛书，本书为丛书中的一本，希望我们编写的这本《新型乡村人才培养》能够让读者更加清楚地了解我国当前乡村"育才""引才""聚才""用才"的基本原理和实践经验，进而为基层乡村人才振兴提供一定的启示与借鉴。

　　本书对乡村产业振兴中新型乡村人才工作进行了全面系统的阐述。本书第一章介绍了乡村产业振兴对新型乡村人才的特殊需求。第二章指出了获取新型乡村人才的主要途径。第三章分析了新型乡村人才的主要类型，及其各类人才在乡村产业振兴中发挥的特殊作用。第四章概括了国家在新型乡村人才工作的主要扶持政策，为基层部门获取、使用和宣传相关国家人才政策提供了指导性建议。为了全方位掌握乡村人才工作的规律和任务，第五章介绍了新型乡村人才工作的典型案例和国外可借鉴案例。第六章为基层部门实现乡村人才振兴提供了几方面的政策建议。

本书提纲由哈尔滨商业大学张晓丹教授和东北农业大学经济管理学院赵建副教授组织撰写，赵建副教授对本书进行了统稿和校对。其中，赵建、黄凤、田丽莹撰写了本书第一章、第二章内容；庞金波、付林、翟洪江撰写了本书第三章、第四章内容；赵建撰写了本书第五章内容；王宏蕾、刘方媛撰写了本书第六章内容。张晓丹教授负责对全书编制进行理论指导，并承担了主审工作。

本书理论联系实际，综合运用理论分析与案例实证等多种方法，内容深入浅出、紧接地气、文字简洁，政策性、指导性强，是全面了解乡村人才工作的重要读物。本书的适用人群主要是"三农"工作一线的基层干部和农业从业者，同时也适用于农林经济管理及其相关专业的高校师生、科研工作者，也适合农业部门的工作人员、决策人员及管理人员等参考阅读。

本书的撰写还得到东北农业大学现代农业发展研究中心、农业经济理论与政策学科团队及哈尔滨商业大学的帮助与支持。本书的编写过程中，借鉴了国内外众多研究学者与科研机构的成果，在此一并表示感谢！

由于所涉内容较多，加之作者水平有限，书中尚有诸多不足之处，敬请同行专家和读者批评指正，并提出宝贵意见。

张晓丹　赵健

2021 年 1 月

目　录

绪　　论

　　乡村振兴要把人力资本开发放在首要位置，强化乡村振兴的人才支撑，提升人才服务保障能力。按照习近平总书记要求，让愿意留在乡村、建设家乡的人留得安心，让愿意上山下乡、回报乡村的人更有信心，激励各类人才在农村广阔天地大施所能、大展才华、大显身手，打造一支强大的乡村振兴人才队伍，在乡村形成人才、土地、资金、产业汇聚的良性循环。

一、加强农村人才队伍建设

　　乡村产业振兴，要充分用好乡村本土人才，加大对高素质农民培育力度，强化专业人才队伍建设，创新人才培养模式，引导各类人才资源向农村流动，建设以高素质农民为主体、以科技人才为引领、以专业人才为保障、以乡土人才为特色的农业农村人才队伍。

　　1. 加快培育高素质农民　以解决好"谁来种地、怎样种地"为重点，适应现代农业规模化、集约化发展的一般规律，提升农民生产经营素质，积极培育爱农业、懂技术、善经营的高素质农民。利用国家高素质农民培育项目，加大对现有农村劳动力的培育力度，以经营管理、专业技能培训为主要内容，采取高等涉农院校集中培训和农民田间学校培训相结合的方式，全方位提升农业劳动者素质；支持农民合作社、专业技术协会、龙头企业等主体承担培训任务；重点培训家庭农场、农民合作社、农业企业等新型农业经营主体领办人和骨干，因人施教，快速培养一批适应现代农业发展需要的高素质农民。

　　2. 加强农村实用人才培养　加大选拔优秀农村实用人才力度，

实施乡村技能培训计划，通过田间课堂、农科大课堂、农民讲习所等形式对农民劳动力进行普遍培训，让致富能手现身说法，围绕粮食种植、经济作物种植、食用菌栽培、畜禽养殖、乡村旅游、农村电商、生态循环农业等方面进行培训，提高培训的针对性和实用性。发展一批有一技之长、带动能力强的"土专家""田秀才"，培育一批乡村工匠、文化能人、非物质文化遗产传承人。发挥好农业专家顾问团、现代农业产业技术体系创新团队和农村专业技术协会等作用。结合实施农技推广补助项目、"三支一扶"等基层服务项目，开展农机推广服务特聘计划。

3. 加强专业技术人才建设　发挥科技人才支撑作用，加大现代农业领域高层次人才引进力度。深入推进科技特派员工作，在设施农业和现代种植、绿色发展等方面培育、造就一批农业技术创新人才；深化农业科技成果转化和推广应用改革，健全科研人员以知识产权明晰为基础、以知识价值为导向的分配政策；加强面向农业农村的专业人才队伍建设，与驻地高等院校、职业院校和专业培训机构合作，通过订单培训、定向培养等方式，重点培育创新型、技术权威型、农业销售型、品牌提升型、智慧农业型、生态环保型、农技推广型、电商营销型等类型的人才，积极引导科技、金融、互联网、旅游管理、市场营销等领域的专业人才积极投身农业农村发展；研究制定吸引省内外人才到县域挂职的激励措施，开展科技副职选派工作；建立健全基层专业技术人才"定向评价、定向使用"的人才评价制度。

二、吸引社会各界投身乡村发展

建立有效激励机制，增强乡村对人才的吸引力、向心力和凝聚力，促进各类人才到农村创新创业。

1. 支持各类人才下乡返乡　2017 年，湖北省武汉市大力推动"市民下乡、村民进城"，盘活农村闲置资源，为新农村发展注入新活力。随后，又提出要发动一批工商企业投资农业农村建设，引导在外能人回乡创业，带动"三农"发展。4 月，一场以鼓励市民下乡休闲养老，引导在外能人回乡创业，发动工商企业到农村投资兴业，带动"'三农'发展"为主要内容的"三乡工程"在武汉大规模推进，为新时代构建产业兴旺、生态宜居、乡风文明、治理有效、生活富裕的新农村提供了"武汉样本"。以乡情、乡愁为纽带，以大学生、进城务工人员、退役军人等群体为重点，吸引更多人才投身现代农业，培养造就心怀农业、情系乡村、视野宽阔、理念先进的"新农人"。出台有利于调动青年人返乡创业积极性的政策，做好统筹城乡一体化发展工作；在教育、医疗、养老等民生保障上，让农业从业者与其他行业从业者享有同等福利待遇和保障，彻底解决返乡创业青年的后顾之忧；做好选拔人才到基层一线服务和选拔基层人才访学研修工作，推动人才双向流动。支持农村产业发展、生态环境保护、乡风文明建设、农村弱势群体关爱等，开展乡村振兴"巾帼行动"。

2. 培养壮大新乡贤队伍　实施新乡贤培育与成长工程，引导村内老党员、老干部、人大代表、退役军人、经济文化能人等群体扎根本土，发现、培养、壮大新乡贤队伍。建立、完善新乡贤吸纳机制，鼓励离退休党员干部、知识分子和工商界人士"告老还乡"，到乡村发挥余热、施展才能，实现宝贵人才资源从乡村流出再返回乡村的良性循环。鼓励挖掘整理乡贤资源，研究制定吸引新乡贤的支持政策。

3. 引导工商资本下乡　落实和完善融资贷款、配套设施建设补助、税费减免等扶持政策，引导工商资本积极投身乡村振兴事业。鼓励工商资本投资适合产业化、规模化、集约化的农业领域，发展智慧农业、循环农业、休闲旅游、环境整治等方面的综合经营，通过项目建设带动人才回流农村，培养本土人才，为乡村振兴注入现代生产元素和人力支撑。建立完善农业生产融资运营服务体系，支持涉农融资担保机构加强与银行、保险、信托等金融机构合作，加快新型农村合作金融改革试点，发挥产业引导基金作用，探索发现新型涉农保险业务等多渠道对接工商资本。

三、优化人才发展环境

完善人才培养、引进、使用、激励等方面的政策措施，营造良好环境，促进人才向农村集聚。

1. 完善人才成长及服务机制　探索多样化人才培养模式，加大对现有人才的培养力度，建立自主培养与人才引进相结合，学历教育、技能培训、实践锻炼等多措并举的农村人力资源开发机制。制定农村人才培养和评价标准，因材施教进行课程设计，开展人才评价和认定工作。参照近年来培养公费师范生、医学生的政策，在农业院校、农科类专业中探索开展公费农科生招生试点，对贫困家庭学生给予适当资助。深入推进选调优秀高校毕业生到村任职、"三支一扶"计划等基层服务项目，鼓励引导毕业生特别是农科类毕业生到基层工作。

2. 健全人才使用激励机制　研究制定鼓励城市专业人才参与乡村振兴的政策。完善高等院校、科研院所等事业单位专业技术人员到乡村和农业企业挂职、兼职和离岗创新创业制度；在职称评定、工资福利、社会保障等方面，建立与人才贡献相适应的人才激励机制。推进人才发展体制机制改革，落实好基层专业技术人才职称评聘、创业扶持、待遇保障等政策措施。加大财政投入，将基层专业技术人才队伍建设经费纳入人才发展专项资金，给予优先保障。深化农业科技成果转化和推广应用改革，健全农业科研人员以知识产权明晰为基础、以知识价值为导向的分配政策。探索公益性和经营性农技推广融合发展机制，允许农技人员通过提供增值服务合理取酬。建立城乡、区域、校地之间人才培养合作与交流机制。

第一章
乡村产业振兴呼唤新型乡村人才

　　自古以来，我国就是农业大国，以农为本，"三农"问题一直是国家以及社会公众关注的焦点。党的十八大以来，习近平总书记多次提出要加快农业、农村、农民的发展建设，强调农村人才才是强农兴农的根本，应提高基层农村技术人员的专业技能，并且在农村内部重点培养更多的农技人员以及高素质农民，促进农村的经济健康发展。随后，党的十九大报告中指出，国家要加快建设人才强国，聚天下英才而用之；加快培养建设一支知识型、技能型、创新型劳动者大军；并积极鼓励支持农民自主创新创业，培养懂农民、爱农村、爱农民的一支"三农"建设队伍。在经济信息化竞争的新时代，说到底就是人才的竞争，而乡村产业振兴的关键也在于人才。所以，只有拥有一批新型乡村人才，才能响应国家提出的乡村振兴政策，推动国家乡村的经济文明发展。

　　近年来，不少省、市级政府高度重视新农村建设，积极响应党和国家乡村振兴战略的号召，乡村建设变化得很大。甘肃省金昌市各级党委、政府积极参与乡村建设，公路越来越宽，村镇越来越漂亮，每个乡村都通上了自来水和互联网，在乡村生活越来越方便，但是乡村人口却越来越少。在乡村，最常见到的就是一些老人，青壮年劳动力几乎都在城里打工，孩子们都跟随父母去城里上学了。例如，甘肃省永昌县南坝乡在册人口 4 800 多人，过去有 1 所初中、5 所小学，现在初中撤并了，5 所小学整合为 1 所小学，加上当地的幼儿园，学生还不到百人。甘肃省永昌县的 13 所农村学校有 8 所学生不足百人，人数最少的小学仅有 10 人。乡村要发展，人才是关键。乡村人才流失严重，要想振兴乡村产业化的发展，必须要有一支优秀且充足的乡村人才队伍，发展乡村特色产业带动乡村整体经济的发展。

党的十九大报告中，已有乡村振兴战略的全面论述与战略部署。农业、农村、农民问题是关系国计民生的根本性问题，必须始终把解决好"三农"问题作为全党工作的重中之重。要坚持农业农村优先发展，按照产业兴旺、生态宜居、乡风文明、治理有效、生活富裕的总要求，建立健全城乡融合发展体制机制和政策体系，加快推进农业农村产业现代化。巩固和完善农村基本经营制度，深化乡村土地制度改革，完善承包地"三权分置"制度。深化农村集体产权制度改革，保障农民财产权益，壮大乡村产业经济，确保国家粮食安全，把中国人的饭碗牢牢端在自己人的手中。乡村要振兴，必须要构建现代农业产业体系、生产体系、经营体系，完善农业支持保护制度，发展多种形式适度规模经营，培育新型乡村人才队伍建设，健全乡村社会化服务体制，促进乡村一二三产业融合发展，支持和鼓励农民创业就业，拓宽增收渠道，加强乡村基层基础工作，健全自治、法治、德治相结合的乡村，培养打造一支懂农业、爱农村、爱农民、懂经营、会技术、有文化的新型乡村人才建设队伍，才能为建设新型乡村产业化发展奠定人才基础。

习近平总书记强调并且高度重视人才的作用，发展是第一要务，人才是第一资源，创新是第一动力。在乡村振兴的五个具体路径中，人才振兴位于首要地位。乡村振兴是决胜全面建成小康社会，全面建设社会主义现代化国家的重大历史性任务。乡村产业化振兴，不仅仅是对农民、农村及农业有所贡献，而且对整个国家也有着重大的意义，增强我国的综合国力，缩小城市与乡村之间的差距，提升乡村人民的生活幸福度。乡村振兴离不开产业化的优化升级，而产业化的实践只有由人才来进行，意味着培养一批新型乡村人才迫在眉睫。人才的培养在于两个方面：一个是乡村内部农民的技术培训，另一个是自愿投身农村、农业、农民问题的青年人员。新型乡村人才需要具备爱农业、懂技术、善经营等特点，真正地做到为农民着想、为农业农村作出贡献、为乡村振兴贡献自身的力量。乡村振兴需要重视产业和基础设施建设、人才培育。只有在振兴乡村产业的过程中，不断建设与完善人才队伍建设，创新发展农业产业的新形势，改革乡村落后的面貌，提升乡村经济整体实力，缩小与城市之间的差距，建设符合乡村特色的产业化集群，延长乡村产业链，促进乡村经济持续健康的发展。

"走向生态文明新时代，建设美丽中国，是实现中华民族伟大复兴的中国梦的重要内容。"美丽乡村是美丽中国的基础内核，关系到农业现代化建设，关系到农业可持续发展，关系到亿万农民福祉，关系到全面建成小康社会。乡村振兴也是振兴中华民族的首要战略，并且乡村振兴核心在人，关键在于产业兴旺。富裕的乡村不一定美丽，但贫穷的乡村一定不美丽。产业是富裕的物质基础、财富的主要来源。农民是生产者、建设者、创造者、所有者，决定产业和乡村的命运。有了高素质农民，有了产业支撑，有了人与自然和谐的可持续发展方式，才会有美丽乡村，才会振兴乡村。所以，中央提出培育新型乡村人才不是偶然的，既有解决现实问题的需要，也是未来经济社会发展的必然要求。

乡村产业的振兴，离不开人才。习近平总书记在党的十九大报告上，已经为农村的发展指明了方向和前进道路，也为乡村振兴提供了强有力的政策支撑，农村天地，大有作为。人才是乡村产业振兴的要领，只有突破传统的思想体制，破除封闭固化的用人理念，加快培育新型乡村人才，才能为发展乡村产业振兴政策提供强有力的后备军资源，真正实现乡村产业的振兴。人才有活力，社会才有活力，乡村产业振兴才有动力发展，全面激发乡村人才的创新创业能力，建立相应的人才激励动力机制，努力为建设美丽乡村提供人才，并保留住人才。那么，究竟为什么乡村产业振兴需要新型乡村人才，新型乡村人才在乡村产业振兴中应如何发挥主力军的作用，并且应该具备哪些素质以及如何发展培养留住乡村人才，本章将对此类问题给出介绍。

第一节　乡村产业振兴迫切需要新型人才

乡村产业振兴关键在于人才的应用，"人"的要素应该置于乡村振兴战略的重要位置。功以才成，业由才广。无论是远古时代，还是21世纪新时代的发展，都离不开人才资源的推动。乡村振兴，重要的是产业振兴，而这之中最关键的是新型人才的推动。乡村要推动产业化发展，必须要首先解决人才保障问题，培养一支懂农民、爱农村、爱农民的新型乡村人才队伍。现代农业的快速发展，传统的农技人员已经落后于时代的脚步，已经不能适应当代快速发展的农业工具技术以及创新思维。因此，高精尖的现代农业化发展，迫切需要新型农业人才，来应对传统农技人员未涉及的领域：产业化生产、生态农业发展、规模化种植及农产品创新、网络营销等。只有培养此类新型乡村人才，才能真正实现乡村产业的振兴。习近平总书记在2018年两会期间，提出了"五大振兴"的科学论断。无论是乡村产业振兴，还是文化振兴、生态振兴、组织振兴都离不开人才振兴。由此，必须加快推进乡村人才的振兴，培养极具竞争力和富有创新能力的乡村新型人才队伍。既要在农村集体内部打造一支现代化的农技人员队伍，也要关注并培养志愿投身于农业现代化建设的青年一代。青年一代是乡村产业振兴的关键，从事于研究农业、农村以及农民问题的科研人员更是这支乡村新型人才的主心骨，使农民面对产业的升级优化不再是无从下手，而是能够精确运用各种现代技术以及信息化的工具，利用乡村产业化将乡村与城市的差距缩小，改变乡村空心化、老龄化的现状，实现乡村振兴。

"中国要富强，农业必须要强；中国要美，农村必须要美；中国要富，农民必须富。"实现"强富美"农字头的中国梦，做强农业、振兴乡村是基础和关键。培育新型乡村人才是时代赋予我们的光荣历史使命，也是现代化发展的必然要求。新型乡村人才将伴随农业现代化的整个历史过程，需要付出长期的艰苦努力。我国农业产业一直存在基础薄弱、发展滞后、科技水平低、品牌意识不强、造血能力差等问题。党和国家要大力推进乡村农业供给侧结构性改革，坚持质量兴农、绿色兴农，制定和有效实施产业发展政策就显得尤为重要。国家对于新型乡村人才的培养应该以创新思维为主导，改变传统的农村人才思想，用新技术、新方法及新理念指导新型乡村人才，使其真正能够为乡村的经济建设作出贡献，发展乡村产业化，用科学的经营管理理念指导乡村的发展，振兴乡村。乡村孕育农业文明，农业文明孕育中华文明；乡村是中华文化的底蕴与蓬勃发展的基础，守住美丽乡村就守住了中华民族的精神家园，守住了中国人民手中的饭碗。乡村产业化的振兴，离不开人才。振兴乡村是一项基础性、战略性工程，任重道远，需要全国上下人民共同的努力。以湖南省花垣县十八洞村为例，早前村子贫穷落后，村里青年人看不到奔头，纷纷外出打工。后来，村子发展猕猴桃产业的势头大好，乡村旅游也搞得有声有色，不少青年人回到家乡，有的做起了导游，有的开起了"农家乐"，有的经营起合作社，曾经偏远闭塞的小山村涌动着蓬勃活力。十八洞村的改变充分说明，艰苦边远地区和基层一线，依托本地特有的自然人文资源、特色优势产业等，积极打造事业平台，让各类人才干事有舞台、创业有机会、发展有空间，才有可能留住他们的心。

乡村振兴战略是新时代解决"三农"问题的重大战略，也是共建小康社会的重大举措。人才是科技兴农的关键环节，也是乡村产业振兴的基础保障。原农业农村部部长韩长赋指出，解决"三农"问题，实现乡村产业振兴，必须实施创新驱动发展战略和人才强农战略。因此，只有培养具有创新意识及具备管理经营理念的新型乡村人才，才能为乡村产业振兴贡献出自身的力量。乡村产业振兴并不是喊喊口号就能解决的事，而是要脚踏实地去实践、撸起袖子加油干才能成功实现的目标。新型乡村人才作为乡村产业振兴工作的重中之重，必须要科学规划人才的培养步骤，建立相应的人才激励机制，培养建设农村新型人才队伍，打造一支懂农民、爱农村、爱农民的乡村建设人才队伍，才能实现乡村产业振兴的政策目标。现阶段我国乡村农业生产中存在的问题还是很多，如乡村产业规模不大、产量不足、发展的质量和效益都不高。尽管乡村有些新型经营主体种植面积大、产量高，但是没有品牌，或有品牌但是不响、不亮、不著名。有些乡村产品没有产业供应，没有产量、没有规模、没有效益。乡村产业的链条很短，深加工跟不上，一直出售的是原材料，在一些贫困乡村中尤为明显。一些新兴产业在乡村发展过程中，还不平衡、不充分，如休闲农业、乡村旅游、农产品加工、电子商务等在内的农业新产业、新业态的发展。原有的乡村产业技术落后、耗能高、污染严重，在治理环保的过程中已经逐渐走向消亡，正处在转变发展方式、优化经济结构、转化增长动力的攻关期。在这一关键的时期，乡村产业振兴急需专业的新型乡村人才，来创新发展方式、指导乡村村民进行农业生产生活、创建乡村特色的品牌。2019 年，昌吉回族自治州（以下简称昌吉州）以州级拔尖人才、优秀专业技术人才、博士服务团等为依托，围绕乡村产业振兴各类相关课题，每年分级组织不少于 100 人次的各行业、各领域专家（人才）到乡村基层服务。其中就包括马巨明——昌吉市园艺工作站高级农艺师，被当地农户称为"葡萄王子"。20 多年来，他深入研究适合当地的鲜食葡萄培育技术，手把手对葡萄种植户进行技术指导，推动了昌吉市鲜食葡萄产业发展。截至 2018 年底，昌吉市鲜食葡萄种植面积已达 5 万亩，带动 2 000 多户农民增收致富。

　　河北省张家口市涿鹿县在推进农业产业发展中，着力构建"三区三带多园"的产业大格局，把发展农业产业短平快项目与培育特色产业相结合，大力推进"一乡一业、一村一品"，实施好田园综合体项目，万吨果蔬净菜加工配送，放大家庭农场、股份合作社、园区带动效益，农民收入明显增加。2017 年，全县农村村民人均可支配收入达到 11 487 元。涿鹿县大力发展产品质量高、农业竞争力高、农民收入高的"三高"农业产业。2017 年，县内农业园区发展到 8 家，农业科技集成示范区 1 家，农民专业合作社发展到 683 家，市级以上农业产业化龙头企业达到 23 家，农业产业化经营率稳居全市前列。同年，建成 7 个乡村旅游重点村、15 个精品"农家乐"，培育新型乡村农民 300 多名，农村电子商务覆盖全县 373 个自然村，建成休闲观光农业和采摘农业 30 多个点、小杂粮种植基地 5 个、200 头以上肉驴养殖基地 2 个，为带动农民增收创造了条件并起到了引领示范作用。乡村振兴离不开发展特色产业，需要大量的技术指导人才带动农民发展乡村产业化。在发展特色乡村产业的道路上，涿鹿县不仅发展自身，也帮助建设其他乡村的产业化发展，为其他乡村选配了 1～2 名产业扶贫指导员，指导贫困户通过发展产业脱贫，在河川区，指导农户大力发展特色林果产业；在丘陵区，推进现代农业产业的发展；在深山区，发展绿色生态产业。各乡镇依托农业园区、农场、合作社、农产品加工企业延长链，增加农产品的附加值，贫困村每户平均增加收入 500 多元。乡村振兴通过产业发展带动，更需要优秀的新型人才的指导，从而创新生产生活方式，提升乡村整体经济实力。

乡村振兴，产业兴旺是关键。首先要确定产业。根据乡村特色的产业结构、土地资源、气候地理、人口构成、区位条件、发展水平等资源禀赋的差异，新型乡村人才通过市场调研分析，准确把握要领、扬长避短，找准适合该乡村今后发展的优势产业、特色产业。这个过程是一个战略选择，一定要因时因地选择，绝对不能马虎了事。需将乡村的气候资源特点、生态资源优势、消费市场情况、经济基础状况，作为选择振兴产业的前提和基础，这样选择的产业才能获得强大的支撑力和推动力，带动乡村整体经济实力的增强，促进乡村产业做大做强。在发展新兴产业的同时，也要处理好与传统产业的关系，改革创新落后的产业发展方式，转型升级落后的乡村产业，力争把传统产业做优。新型乡村人才还应关注其他新兴产业：乡村旅游、休闲农业、农民电商、康养产业、"互联网＋现代农业生产"、智慧农业等。乡村产业化的发展急需振兴乡村人才，不仅需要外来的优秀人才，还要培养乡村内部的优秀农民，打造一支"懂农业、爱农村、爱农民、懂经营、有文化、会技术"的新型乡村人才队伍。

一、乡村产业振兴对人才的内在需求

乡村振兴是决胜全面建成小康社会、全面建设社会主义现代化国家的重大历史任务。乡村振兴战略是党的十九大提出的重大战略决策。进入新时代，我国社会的主要矛盾已经转变为人民日益增长的美好生活需要和不平衡不充分的发展之间的矛盾，而这种不平衡和不充分最广泛的体现在农业、农村、农民方面，乡村与城市之间的差距不仅没缩小还有加大的趋势。所以，乡村振兴战略是现代社会建设的首要任务。在乡村振兴建设中，最重要的就是人才。目前，乡村人才流失十分严重，若没有发展起来的特色产业，以种植农作物为主的乡村满足不了当代农村人民的生活需要，经济条件跟不上来，就出现大量的农民外出打工，留在农村的只有上了年纪的老人和未成年的留守儿童，进行乡村建设举步维艰。

乡村振兴战略总要求浓缩为 20 个字的方针：产业兴旺、生态宜居、乡风文明、治理有效、生活富裕，与其相对应是整个国家的五位一体总体布局、五大建设。在方针中，产业兴旺排在首要的位置，表明想要振兴乡村，就必须乡村产业先行。乡村振兴核心是人才，关键是产业的发展。乡村产业振兴要以产业兴旺为首要任务，即发展是第一要务，而人才是推动发展的重要力量。乡村产业振兴需要与其相关的各个方面的新型乡村人才，才能真正得以实现，才能达到振兴乡村。乡村产业化的发展是依靠人才进行推动的。目前，很多乡村没有发展二三产业，只是以第一产业为主，并缺乏相关人才，这样使得乡村远远落后于城市，无论是居民的幸福度，还是经济水平、基础设施的建设，都与城市居民相差很大。农民的生活质量提升不了，农业生产进行不下去，农村的发展就不了了之。

（一）乡村产业振兴中人才现状及出现的问题

1. 人才流失严重且素质偏低　一方面，随着国家对城市化的快速推进，农村年轻的劳动力大多都外出打工，现在农村只有些老年人口在坚守着；也正因为村里面都是老年人口，不能及时地发现特色产业，或发现也无人开发。另一方面，农民接受的教育水平较低，最高学历就是高中，所以这些进城务工的农民工素质偏低。他们并不能适应城市的快速发展与技能的高要求，从事的往往只是基层甚至是底层的工作。这样就产生了差距化，农民与城市居民的收入差距，以及农村与城市的发展差距。差距导致没有专业人员，甚至没有劳动力来发展乡村，结果可想而知，乡村依旧维持着落后的经济状态。乡村产业振兴的发展，需要各个方面专业技能的人才，需要一支具备农业科学技术、基本的管理理念及创新创业能力的新型乡村人才。在乡村振兴战略实施的过程中，必须坚持抓好乡村人才建设这一关键步骤，为乡村产业振兴提供优秀的基础力量。

在现有乡村人才队伍建设中，人力资本短缺，综合素质不高。改革开放 40 多年来，随着我国工业化和城市化的发展，大批乡村青年人才进城务工；又由于缺少合理的人才引进机制，部分乡村地区人才更新速度缓慢，许多高学历的人才不愿意到乡村进行工作。目前，我国乡村工作大都是由乡村能人组建而成的，乡村建设队伍明显年龄偏大，接受新事物能力和更新学习能力等方面较差，乡村建设没有一支好的领导班子，那么乡村产业化建设也不能迅速地走上正轨。

2. 人才能力不足且创新转化效率低　目前，农民的学历大部分都是只上到初中，有的甚至连初中都没有毕业，他们的知识能力、学习能力及技术能力都较差。在农业生产上，农民遇到问题不会解决，也没有专业的技术员帮助，由此导致生产减产的现象很多。大部分的农民只是按部就班地根据前人的经验及自己的意识进行农业生产，不能说这样是不对的，只是传统的生产方法可能只适用于当时的土地、当时的天气情况等。在如今土地质量低下、天气状况恶劣的情况下，不采取科学的种植技术会导致粮食减产，甚至颗粒无收。与此同时，农民的创新创业能力较差，就算有创新也未能使其进行成果转化。虽然我国有很多农业方面的科研人员以及农业经济管理的专业人才，但是不能与农民的实际需求相结合，存在脱节的现象。在农民的实践生产生活中，因没有专业人才的指导，科研成果也不能很好地应用。在农业生产生活中，乡村内部人员也很少会进行自主创新、创业的活动，缺乏创新思维、封闭守旧、墨守成规，只依靠生产经验进行劳作，引进新型机器较少，无法及时发展乡村产业化，落后的产业也没有技术经营指导助其转型升级。人才能力的不足加上没有创新理念，都是阻碍乡村经济发展的重要因素。

乡村人才培养机制不健全，使得乡村农业生产生活没有科学技术的指导，产业振兴等方面没有合理规范的规划与整合，不仅浪费乡村资源，还造成效率的低下。例如，一些地区在进行基层机构改革之后，编制的数量有所减少，不易留住优秀的乡村内部人才，使人才队伍建设出现后继乏力的情况。还有些乡村由于缺少经费，减少对人才培养的资金投入，导致乡村振兴人才队伍建设缺乏后劲。还有部分的乡村在新型乡村人才的培养上，不能够充分考虑受众群体的接受能力与理解能力，盲目追求高效、快速地培养，导致人才培养工作流于表面，无法真正发挥作用。虽然进行了人才培养课程，但没有真正实现人才能力的提高，经培养后的乡村人才并不能很好地进行自主创新与创业活动，就发展不了乡村产业。不少乡村建设人才队伍引进创新思维，进行自主创业，但是很少有人能够坚持下来、能将创新成果进行转化，往往在乡村农业生产生活中应用不了新的科学技术，只会纸上谈兵，不能将所学知识与生产实践相结合，阻碍乡村提高经济发展水平，使乡村无法改变落后的状态。

3. 人才引进困难，相应的激励机制不完善　如今虽然我国的经济已经得到了迅速的发展，但是贫富差距依旧很严重。农村的经济条件并未得到改善，基础设施以及交通条件并未达到优质的水平。这样的条件想要引进优秀人才十分困难，留住优秀人才更是难上加难。在这样的情况下，只有建立相应的人才激励机制才能留住人才。但目前这方面的农村机制并不完善，对于优秀人才的吸引力并不大。另外，则是内部培养农民的力度不够。特别是农民认为这种改变创新并不能改变现状，而是浪费时间。对此，我们必须采取内外共同吸收优秀人才的战略，既要积极吸引外来的优秀科研人员投身于农业农村建设，又要在农民内部建设一支优秀新型乡村人才以充实当前的乡村建设队伍。乡村产业振兴需要大量具备科研管理能力的新型农村人才，但是农民固守自封以及培养力度较差，使得振兴乡村缺少了大量的基础力量。乡村与城市之间明显的差距就在于公共服务能力较差，既没有优势的基础设施条件，也没有相应较为合理的人才扶持政策。所以，乡村人才的引进十分的困难。乡村要振兴就必须引进大量的新型乡村人才，指导乡村农民进行农业生产生活，创新生产方式，带领乡村村民进行自主创业，寻求乡村产业化发展的机会，给予村民就业发展机会与广阔的发展空间。建立与完善相应的人才激励机制，为人才的引进提供动力。

人才是引领发展的第一动力，乡村产业化的振兴需要各类多元化人才的支撑。但是，目前乡村人才流失严重，"空心化"现象增多，乡村对人才逐渐失去吸引力。乡村与城市相比，在医疗、卫生、就业、教育等方面都差于城市，无法满足人才的生活需求。最重要的是乡村没有提供人才创业就业的机会，使得乡村人才流失越来越严重。加上乡村没有制定一些人才引进机制，无法激励乡村人才返乡下乡参与乡村建设，也不能留住相应的人才，使得乡村人才队伍无法进行振兴乡村产业化的工作。

（二）乡村产业振兴对人才的需求

综上三点对乡村人才应用的现状进行分析，我国乡村产业振兴必须推行人才强农战略，用新型乡村人才快速推动乡村各个方面的发展。推动人才振兴，培育本土人才是基础，农民是乡村的主体，所以产业振兴必须要培养一支懂经营、会技术、有文化的新型农民人才建设军；推动人才振兴，引进专业人才是关键，吸引专业技术人员、管理人才、营销人才、大学生人才参与乡村产业振兴。乡村产业振兴，需要各个方面的人才，经济领域、政治领域、文化领域、生态领域以及社会领域都需要相应人才。只有人才到位了，农村农业的发展才有所保障，让农村成为人才大展拳脚的大舞台。由着农民墨守成规，只会导致农村与城市的差距越来越大。乡村产业振兴需要具备什么能力的人才呢？

1. 外部科研人员的引进 近些年，我国有大量的科研学者以及农林经济管理专业的学生志愿投身于农村农民建设队伍。但是，大部分人才都是两三天的热血，待不了两三天就拍拍屁股走人了，或者是那些学校短期的调研，根本无法解决农村的根本问题。目前，乡村急需能够留住的优秀科研人才。一方面，能够在农民进行农业生产的过程中进行农技指导，或者是提供新品种技术服务、测土配方施肥以及秸秆还田等新型技术，能够用新技术、新工艺减少农民生产成本的投入、提高农业种植物的产量。另一方面，外部科研人员能够帮助乡村以生态产业为主，发挥乡村优质的生态环境，以繁荣生态产业振兴乡村。有些乡村有着丰富的旅游资源，但是由于农民只是忙于种地，无暇对此进行考察，也没有能力对其资源进行利用，造成了乡村资源的浪费。所以，必须由专业的人员对乡村资源进行整合利用，才能对乡村资源优质安排。通过外来的专业技术科研人员对农民进行指导，给乡村带来创新能力、创业机会和方法，为乡村建设提供强大的动力。

这样改变了科研人员只会研究发表文章，而不能与乡村农民的实际情况相结合的现状。真正做到"研为民所用，研依民所发"，贴近农民农村的生活，促进乡村产业化发展，提升乡村人民的幸福感以及生活水平质量。学农的大学生要参加下乡的活动，真正把课本中所学到的知识与农村实践相结合，而不是做一个书呆子，不知道如何运用所学的知识。他们可以为乡村带来新知识、新理念以及新技术，改变乡村落后的发展状态，运用自身学到的知识发展现代农业，并为乡村发展带来动力。乡村产业振兴需要科研人员的参与，只有在懂得科学的农业生产技术的农业科研人员以及懂得经营管理理念的科研人员的带领下，乡村振兴才能开启广阔的步伐，为其振兴乡村注入强大的动力。

2. 内部新型乡村人才的培养　发展好的乡村一定要有好的带头人，习近平总书记曾说过要培养一支懂农业、爱农村、爱农民的"三农"工作队伍。要想实现乡村产业振兴，必须要有一批优秀的乡村领导队伍；发展乡村产业化的进程，也必须要在乡村领导的带领下进行乡村的各项工作，这样农民的力气才能在同一个地方使劲，做好农民的思想工作，改变农村落后的现状。除此之外，乡村人才自身的培养也必须提上日程。乡村产业振兴，需要新型乡村人才。在现代化的乡村建设中，只依靠蛮力进行农业生产已经不能适应当前的农业生产需要了。乡村想要发展必须要进行产业创新，以产业兴旺为主，发展乡村经济，才是振兴乡村的特色道路，而这就需要大量的新型乡村人才。目前，随着农业生产规模的扩大、农业生产技术的提高，传统的农户已经很难适应农业发展的需要，现代农业生产已经不可能是，谁想干就能干得了的。培育新型乡村人才是历史的必然要求。乡村产业振兴，农民是主体。要发挥农民主体的作用，积极培养乡村人才队伍，使其具备科学知识能力、经营管理理念以及更多的农业技术，创新创业理念，寻求发展乡村产业化的机会，改变落后的乡村产业，建立产业集群，延长产业链，创新农业生产方式，带动乡村整体经济的发展，以产业化促进乡村健康持续的发展。

河南省潢川县付店镇骆店村的张新生，从 20 岁开始，在海南三亚南繁农业科技种植基地从事粮食、瓜果、蔬菜种植技术工作，经过 10 多年的学习，掌握了农业科技种植技术和管理本领，实践经验丰富，是干事创业的新型乡村人才。在掌握了现代种植本领和先进的管理方法后，张新生于 2010 年返乡创业，带领村民成立了潢川县金塔红蔬菜种植专业合作社。目前，规模种植面积 2 000 余亩，主要以瓜果、蔬菜种植为主。通过"企业＋合作社＋贫困户"的产业化模式，2016 年合作社产业达 500 余万元，先后帮助 40 户 146 人脱贫致富，发挥了合作社脱贫致富"孵化器"作用。乡村产业振兴，不仅需要具备科学的农业生产技术的农民，还需要具备经营管理理念的农民队伍。只会种地的农民，并不会很好地应用科学理念规划土地资源，以及对于产量的提高，或者种子、化肥、农药的真假识别不了解。在深入农村调研的过程中发现，农民大都不知道自己用的是真品还是假货，还有不清楚当前使用的有机种子是什么等。农民只依靠过去的种植经验继续生产，只会造成粮食的减产以及低收入。这也解释了为什么种地面积越大的农民赔钱越多的情况。即使粮食的收成很好，农民也不会对其结果进行经营管理。面对一些新型产业机会，不能很好地把握和抓住时机，从而错失乡村的发展机会。新型农民队伍，要有创新创业的理念与想法，在农闲时不是游手好闲而是找到创业的机会。每个乡村都有还未发现的产业机会，要有一双善于发现的眼睛。振兴乡村，靠的是产业兴旺，仅仅依靠种植土地是无法大幅度提升乡村整体经济实力的，有大的产业链支撑起来，乡村的发展就指日可待了。有些乡村只是以务农为主，一个地区连龙头企业都没有，我们应该发展，而不是坐以待毙。只要敢想、敢做，那么机会有很多，当然前提是必须要有成熟的经营管理理念，懂经营、懂管理的新型乡村人才才是振兴乡村所需要的人才。

乡村产业振兴急需优秀优质的新型乡村人才，习近平总书记一再强调要施行人才强农战略，要积极培养一支懂农业、爱农民、爱农村的新型乡村人才队伍，壮大振兴乡村产业化的基础力量，推动乡村产业集聚化，促进农产品的再加工以及在全球范围内流通。新型农民是农业科技成功的承载者和使用者，是粮食安全和农产品的有效供给者，是推动现代农业快速发展的重要力量。只有拥有一支有文化、懂技术、会经营的新型乡村人才队伍，乡村产业振兴才能提上日程，推动乡村经济的持续健康发展，缩小与城市之间的差距，成为推动国家经济增长的重要力量。乡村振兴，产业为本，人才为基。只有做好人才队伍建设，才能推动乡村产业化的发展。习近平总书记曾指出：只要你肯塌下心来提升能力、发展事业，乡村一定会是你大展宏图、大显身手的新天地。振兴乡村产业化的过程中，需要大量专业的科研人员、农技人员等新型乡村人才，进行自主创新、自主创业，为乡村产业化发展寻找机会，带动乡村内部人员的发展，促进乡村整体经济实力的提升，将乡村建设成为推动国家经济实力的首要力量。

二、新型乡村人才机遇难得

在党的十九大上，习近平总书记提出乡村振兴战略，要求发展乡村经济，缩小乡村与城市的差距。这为乡村人才成长提供了广阔前景和有效机遇。乡村振兴战略的实施，将成为改变当下中国农村落后面貌的转折点，也从根本上确立乡村不可替代的价值和地位，也为其长治久安和稳定发展奠定了基调。人才培育和发展是乡村振兴战略的要义所在，必须破除传统的人才发展理念，形成具备创新管理理念的新型乡村人才队伍。这是一个牵一发而动全身的大工程。"三农"问题一直都是国家和社会公众关注的焦点。所以，乡村振兴战略一提出来就得到了社会各界的认可，并且在各个乡村中都开始振兴产业的进程，发展农村经济，扩大农村农业生产规模，寻找产业发展的机会，通过振兴乡村的产业来缩小与城市的差距。现阶段是我国建设新农村的新时期，党和国家纷纷制定和出台了大量人才扶持政策，推动新型乡村人才队伍的建设，各个乡村也积极响应党和国家的政策，建设美丽新农村，为引进人才建设基础设施服务，提供人才社会保障服务，激励、支持和鼓励新型乡村人才积极返乡下乡参加乡村产业化建设，推动乡村经济持续健康的发展，带动乡村整体经济实力的提升。四川省实施公务员特殊招录政策，支持 84 个艰苦边远县在招录公务员时，根据职位需要适当放宽学历要求、开考比例、报考年龄、专业限制，允许部分职位面向本市州户籍、退役军人和事业编制人员招考，近 3 年为基层补充公务员 2.4 万余人；出台《激励引导教育卫生人才服务基层的意见》，开辟紧缺专业人才考核招聘绿色通道；采取人事考试前置、委托培养方式，探索基层人才定向培养模式。四川省在薪酬待遇上向基层倾斜，实行高海拔地区工作折算工龄补贴、高海拔乡镇临时岗位补贴、乡镇工作补贴、大中专毕业生到艰苦边远地区工作可提前转正定级并高定工资"四项特殊政策"；在职称评审上向基层倾斜，降低职称评审"门槛"，对在乡镇及少数民族地区县工作的教育、卫生人才，在职称评审中不作职称外语和计算机要求；实施服务基层"奖励积分制"，鼓励人才到乡镇和边远地区扎根；在选拔任用上向基层倾斜，每年拿出不低于 15% 的公务员考录计划和不低于 30% 的乡镇机关公务员计划，定向考录大学生"村官"等服务基层项目人员，2015 年全省定向考录 1 506 名，形成人才到基层去、干部从基层来的良好导向。

乡村产业振兴的过程中，新型乡村人才是推动产业化的根本力量。在当前施行乡村振兴战略的进程中，国家以及大量乡村现在急需优秀优质的新型乡村人才。这次振兴乡村的建设，对于新型乡村人才机遇难得。想要在乡村建设中贡献力量的人才必须要抓住这次的机遇，大施拳脚，在自己的专业领域中能够探索出一番天地；科研人员的科研成果要能够与农村农业农民的实践相结合，真正做到研究成果能够得到科学的实践。通过参与乡村产业振兴的过程，科研人员或者农林经济管理专业的学生能够在实践中证明自己并且得到好的发展机会，为后续科研事业的优质发展以及学业的成功完成奠定基础。乡村产业振兴是国家推行的政策，各个乡村都积极参与进行，这也是所有想投身贡献于农村农业发展的青年人员应抓住的机遇。

在乡村振兴战略实施进程中，农民的数量还是占比极大，是振兴乡村的中坚力量。乡村人员更应该抓住此次机会，发展自身产业，扩大农业生产以及提升种植产量。新型乡村人才，不仅应提高自身的知识层面、管理能力以及经营意识，还须为以后的发展进行规划。农民不可能一辈子种植土地，或者说是不能一年都在田地中农作，农闲时无所事事。在国家实施乡村振兴战略的前提下，乡村人员不能局限于领导班子，基层人员及农民都可以积极参与进来，这是为国家贡献力量、为农村建设提供建议，甚至是为自身的经济发展奠定基础。面对国家乡村振兴政策的实施，农村农民应抓住此次发展自身的机会。无论是农业生产的扩大化或者管理经营粮食产量，还是发现乡村产业化的机遇以及推行生态产业的发展，在这几个方面，新型乡村人才必须抓住此次难得的机遇，才能振兴乡村产业化的发展。

80后周文，2011年大学毕业后，在湖南省衡阳市祁东县双桥镇洋湖村做了一名大学生"村官"，创办了湖南文妹子现代农业科技生态园有限公司，目前已成为集乌骨鸡品种培育、全国连锁养殖、食疗产品开发、休闲农业于一体的综合型农业企业。通过采用"公司＋连锁基地＋合作社＋农户"的模式，公司与广大养殖户结成了紧密的利益共同体，创办的祁东县绿滋源种养专业合作社，吸引了当地117户养殖户入社，在全国5个省份发展连锁养殖基地28家，带动全国近500余户发展乌骨鸡产业。2016—2017年，公司为省内外各类乌骨鸡产业创业提供各类专业服务1 000多人次，园区自身实现产值近3 500万元，带动乌骨鸡产业创业者实现产值4 500余万元，带动就业600余人，带动增收3 000万元以上，被乡亲们誉为"创富女神"。振兴乡村产业化的发展，离不开人才的推动。农村天地，大有作为。虽然城市的发展更多，但是在乡村振兴战略的施行下，此阶段乡村定会充满发展的机会。在乡村振兴战略下，新型乡村人才是推动乡村发展的重要力量。从古至今，农村、农业、农民问题一直是公众最关心的焦点，从 2012 年党的十八大到 2017 年党的十九大，"三农"问题一直是国家议题的重点。在当前快速推进乡村产业振兴的新时代，新型乡村人才应抓住此次难得的机遇，在经济方面、政治方面、文化方面、生态方面以及社会方面展示自身的能力，为以后的发展奠定基础。

总而言之，此次乡村振兴战略的实施带来许多难得的发展机遇，农民、科研人员、学生以及其他志愿投身于农村、农业、农民建设的青年人才，应抓住此次乡村发展难得的机遇，扩大自身的力量，促进乡村产业化的经济发展。在乡村振兴的发展中，对于很多明显的发展产业的机会，新型乡村人才应积极参与进来，抓住发展乡村的机遇，将自身的力量贡献到振兴乡村产业化发展的进程中，努力促进乡村经济社会方面的发展，缩小乡村与城市之间的差距，使得乡村也成为推动国家经济发展的第一动力。

三、新型乡村人才前景广阔

随着乡村振兴战略的深入实施，以及农村实用人才、带头人示范培训等一系列农业农村人才项目的实施，越来越多 80 后、90 后返乡下乡、创业创新。这些新型乡村人才积极踊跃投身于"三农"战线，他们帮助农民做好农业生产，提高农业生产产量，搞好生产线的流通运营，实现增收致富。一代新型农民不断成长，给蓬勃发展的农村注入了新鲜的活力，为乡村产业振兴贡献自己的力量。新型乡村人才是振兴乡村产业化的主力军，在探索产业化的道路中，发挥着建设新型乡村的重要力量。随着乡村人才队伍的不断壮大，国家对于新型乡村人才队伍的建设越来越快，乡村目前已经吸引了大批志愿投身于农业、农村、农民事业的青年人才，为乡村产业振兴贡献自己的力量。虽然乡村的条件与城市相比还是较差，但是随着国家和社会公众越来越重视乡村建设，新型乡村人才也得到了广泛的重视，给大量志向远大的人才提供发展的机会以及广阔的前景。国家对于新型乡村队伍建设的要求是要培养一支懂农业、爱农村、爱农民的乡村队伍，而对于农民的要求则是需要一支有文化、懂技术、会经营的新型农民人才，乡村人才队伍的建设使得大量投身的人才拥有一番可以大展拳脚的天地。在沈阳、大连等东北地区的一些中心城市，人才流动出现了明显的"燕回巢"。以沈阳为例，在采访调研中，笔者经常遇到一些在外事业有成又重回沈阳的创业者、企业家、研发人员。他们返回东北，有的是因父母年迈需要照顾等家庭原因；有的是因在外房价高、拥堵严重，生活、工作成本较高；更多的是看中了沈阳对东北地区的巨大辐射能力和物美价廉的创业、生活成本，以及优厚的政策。例如，辽宁壮龙无人机公司，就是由在北京打拼多年的清华大学高才生张黎和北京航空航天大学教授蔡茂林创办的，生产出国内首台油动直驱多旋翼无人机，让沈阳在工业无人机领域初具竞争力。

乡村产业振兴需要大批的新型乡村人才，在难得的发展机遇下，新型乡村人才拥有广阔的发展前景。新型乡村人才在各个领域都必须有所涉猎，新型乡村人才应该懂得经营管理理念，对于农业生产经营应有科学管理的理念与规划；新型乡村人才应该懂得如何科学地进行农业生产，采用生态方式扩大种植面积以及提升农作物的产量；新型乡村人才应该懂得新型农业技术，将科学技术应用在农业生产中；新型乡村人才应该懂得如何发展乡村现有的产业，将乡村产业做活做大，成为当地的龙头企业，并且在无产业发展的乡村能够发现产业机会，采用生态方式促进以及提高乡村的经济水平；新型乡村人才应该懂得农作物的产品加工，促进新产品产业链发展，使农产品在全球范围内进行流通。新型乡村人才应在乡村振兴中发挥着主体的力量，从各个方面对乡村进行建设，为振兴乡村产业化贡献出自身的力量。在培养乡村人才的过程中，国家以及乡村是全方位、多层次以及多个新领域进行教育培育。所以，即使这些未来人才不留在乡村，他们曾经作出的贡献以及学到的新知识都会成为未来发展的奠基石，这些人才将拥有广阔的发展空间。

国家以及乡村各级干部培育的新型乡村人才，在乡村建设中发挥着巨大的作用。在乡村产业振兴中，新型乡村人才贡献出自身的力量，并运用科学的经营管理技术和运营技术对农村、农业、农民的问题进行一一解决。在实施乡村振兴战略的今天，新型乡村人才越来越受到社会公众的关注，成为国家以及乡村急需的人才。科研人才以及农学的学生在乡村振兴建设中，发挥着指导农民的基础作用，在缺失优质人才的许多乡村中，新型乡村人才的发展前景变得广阔，发展机会也会变得更多。新型乡村农民的培养，不仅对于现在的乡村建设发挥着重要的作用，而且还为国家经济的提高提供了自身的力量。通过此次的教育学习以及培育，农民增强了自身的科学管理技术，以及对农业生产生活的深层次了解，学会管理、经营自身的产品以及财产，在以后的发展中也给自己奠定了成功的基础。

我国是以农业为主的国家，从古至今农业生产都是我国的重要经济力量，农业、农村、农民问题也是社会公众关注的热点。乡村振兴核心在人，关键在产业兴旺的发展方式。现在的乡村急需新型乡村人才，只有人才才能推动乡村振兴的发展。由此可以看出，新型乡村人才的发展前景十分广阔。目前，我国拥有 180 多万个自然村、近 42 万个乡镇级政府，大量的乡村处于自然化的状态，经济条件以及交通基础设施都没有完善，与城市的差距越来越大，这些乡村都需要新型乡村人才参加建设。国家以及乡村都急需新型乡村人才，乡村人才的发展机会越来越多，发展前景也十分广阔，不仅可以为所在乡村的振兴建设，而且可以为其他急需振兴的乡村，提高自身的能力、贡献出自身的力量。

乡村土地、资金和人才外流严重，有人称之为三大"抽水机"。相对而言，人才流失最为关键。要想实现城乡要素公平交换，人是核心，人才是第一资源，人才具有强大的要素聚集能力，特别新型乡村人才是现阶段乡村的重要推动力。农业农村建设要有一大批兴业创业的优秀人才，才能起到引领要素回流的作用。中央高度重视培育高素质农民，建设新型乡村人才队伍。各级乡村也纷纷响应国家政策，吸引外来人员务农，培育新型乡村人才。在目前的大好形势下，新型乡村人才具有广阔的发展前景；在国家政策的支持下，利用自身的才能与技术发展乡村，为乡村带来新观念、新想法以及新技术，用产业兴旺的方法对乡村进行改造，并积极参与振兴乡村的队伍。还是同样的言语，农村天地广阔，新型乡村人才发展的机会更多，在乡村产业化的建设过程中，要积极主动获取党和国家的帮助，在乡村产业振兴中进行自主创新、自主创业，寻求乡村产业化的发展机会。

第二节　新型乡村人才的素质与修养

国家和乡村培育的新型乡村人才，在乡村振兴建设的过程中，发挥着主体的作用。在促进乡村发展的同时，也能让农民共享乡村振兴成果。新型乡村人才，应该具备经营管理理念、对国家政策和农产品市场要有敏锐的洞察力。在农业供给侧结构性改革、土地流转、结构调整等农业政策大背景下，一批新型乡村人才积极参与乡村的建设，为乡村带来良好的效益，使乡村迅速地振兴。现阶段，我国农业农村经济发展已经到了必须依靠科技实现创新驱动、内生增长的历史新阶段。要让一大批能创新、敢创业的"新农民"，成为农业转型升级的新生力量，引领现代农业的发展方向。新型乡村人才要能够在经营中创新，扩宽农产品销售途径，提高农产品附加值，使农产品在全国范围内流通。在农业农村现代化发展的浪潮中，随着乡村产业振兴，新型乡村人才应该能够主动发挥自身的创造能力，从农村、农业、农民的角度寻找适合农村实际情况的发展机会。将乡村的发展与科学的管理相结合，实现智慧农业；把品牌意识带到农产品中，实现品牌农业。在乡村产业振兴的过程中，要充分发挥自身的经验优势、技术优势，带动其他村民共同走向致富的道路。在乡村振兴战略实施道路上，需要破解的障碍之一，就是人才需求问题以及人才素质问题。由于城市在整体人才环境、就业机会、医疗设施教育条件等方面存在明显的优势，导致乡村优秀人才和青年劳动力大量流向城市，乡村振兴建设缺乏人才，使乡村振兴战略的实施受到钳制。

通过培养新型乡村人才，使得农民、志愿投身乡村建设的青年人员以及科研人员，掌握了振兴乡村发展的新知识、新技术，提高农业生产效果和农产品的附加值，并且培养了新型乡村人才创新能力、发展思维和学习意识；通过不断地创新、学习，走出一条适合本地条件、符合乡村实情的发展新道路，带动其他农民共同致富，为建设社会主义新农村、推动农业现代化发展提供了重要的动力。新型乡村人才的培养，是一项专业性极强和周期较长的工作，要想做好该项工作，需要全国上下多方共同努力、形成合力。总而言之，实施乡村振兴战略，离不开国家政策的支持，要更加紧紧抓住新型乡村人才这一关键点。新型乡村人才必须具备新知识、新技术、学习能力、创新能力，是发展农村、振兴乡村的中坚力量。通过各级乡村部门的联合创新培育及人才整合资源，培养一支懂农业、爱农村、爱农民的乡村振兴建设队伍，为实现乡村产业振兴储备更多的人才。新型乡村人才，从修养方面，应该始终保持一颗以农村、农业、农民为主的心，始终将乡村的振兴建设摆在所有工作的首要位置，为农业生产提高产量建言献策，为农民的幸福生活水平操心，建设并振兴乡村产业，以产业兴旺发展乡村的各项建设；从素质方面，应该具备新知识、新技术，能够为农业生产提供新型的技术，增加农产品的产量，应该具备创新、创业能力，运用新型的农业技术指导农民进行生产活动，带领其他村民进行勇敢创业，发展乡村产业，以产业化的方式提高乡村的经济。2019 年，昌吉州以州级拔尖人才、优秀专业技术人才、博士服务团等为依托，围绕乡村产业振兴各类相关课题，每年分级组织不少于 100 人次的各行业、各领域专家（人才）到乡村基层服务。其中就包括马巨明——昌吉市园艺工作站高级农艺师，被当地农户称为"葡萄王子"。20 多年来，他深入研究适合当地的鲜食葡萄培育技术，手把手对葡萄种植户进行技术指导，推动了昌吉市鲜食葡萄产业发展。目前，昌吉市鲜食葡萄种植面积已达 5 万亩，带动 2 000 多户农民增收致富。只有具备以上的修养和素质，新型乡村人才才能为振兴乡村产业贡献自身的力量。

一、要敢于承担产业振兴的使命

乡村振兴战略不仅是一个理论上的战略，也是一个生动的历史性过程，更是每个共产党员的行动指南，一定要从产业兴旺、生态宜居、乡风文明、治理有效和生活富裕五项目标任务着手，牢牢抓住产业振兴这个基础，鼓足干劲，千方百计，劈波斩浪，撸起袖子加油干，才能推动乡村振兴战略的顺利实施。乡村振兴，产业先行，人才是核心。新型乡村人才必须要敢于承担实现产业振兴的使命，通过发现乡村产业发展的机会，壮大原有的乡村产业，以兴旺产业的方式促进乡村的发展，努力增加乡村居民的生活幸福度，缩小乡村与城市之间的差距。改革开放以来，因为在农村实行了家庭承包经营，乡村已经有了长足发展；但是，我们也应该清醒地看到我国农业产业存在的问题仍然不少，规模整体不大，产量不足，发展的质量和效益都不高。有些乡村有产品无产业，没有产量、没有规模、没有效益；有个别的乡村有品牌，但品牌不响、不亮、不著名，产品的产业链条很短，只卖原材料却没有进行产品加工等。这些都是阻碍乡村发展的重要因素。在其他国家很流行的休闲农业、乡村旅游、农产品加工、电子商务等农业新产业、新业态的发展，在我国的乡村发展中应用的不多，许多乡村发展不平衡、不充分，西部乡村尤为突出落后。

目前，我国乡村产业的发展并不理想，乡村产业技术落后、耗能高、污染严重，在环保的严管下，已经逐渐停产或半停产，正处在转变发展方式、优化经济结构、转换增长动力的关键期。乡村产业一直存在基础薄弱、发展滞后、科技含量低、品牌意识不强、造血能力差等问题。改革开放40多年来的历史经验表明，乡村经济的每一次大发展都受到政策、制度的影响，政策、制度红利的释放是最大的推动力量，乡村振兴战略也不例外。所以，想要振兴乡村产业，必须要围绕发展现代乡村农业，坚持质量兴农、绿色兴农，大力推进乡村农业供给侧结构性改革，制定和有效实施产业发展政策就显得尤为重要、迫切和关键；只有通过政策驱动、制度安排，不断释放产业发展动能，才能加快构建乡村的农业产业体系、生产体系、经营体系，提高农业创新能力、竞争力和全要素生产率，才能不断提升农业产业的质量和效益。在乡村振兴战略实施的过程中，新型乡村人才应履行的首要使命就是产业振兴，利用乡村产业化的发展促进乡村经济的发展，只有产业兴旺才能真正实现乡村的经济富裕、缩小与城市的经济收入差距以及乡村居民与城市居民的收入差距，实现乡村振兴。新型乡村人才是乡村产业振兴的主体力量，只有他们承担起产业振兴的使命，改变乡村落后产业的现状，为乡村产业注入新知识、新理念和新技术，才能做活、做大、做强乡村产业及振兴乡村。

产业兴旺，不仅要农业兴，更要百业旺。五谷丰登、六畜兴旺、三产深度融合，才是乡村振兴的重要标志。新型乡村人才肩负着振兴乡村产业的光荣使命，要大力开发农业农村多种功能，发展乡村旅游、休闲农业、观光农业、采摘农业、农村电商，积极发展家庭农场、专业合作社，发展农村龙头企业，进行农产品深加工行动，支持主产区农产品就地加工转化增值；积极引导农民工、高校毕业生、各类能工巧匠、下岗职工和退休技术人员下乡创业就业，促进乡村新产业新业态可持续发展；积极打造高产、高效、优质的粮食、蔬菜、特色作物生产核心区，推动畜牧、水产养殖规模化与生态化发展，持续培育具有本地特色的农业农村品牌；充分发挥现代农业园区带动、示范、引领作用，培育新型经营主体；也要积极帮助农民重点解决农产品销售中的突出问题，健全农产品产销稳定衔接机制，加快推进农村农产品流通现代化。新型乡村人才应勇于担负起振兴乡村的使命，带动乡村产业化的发展；在建设现代乡村的过程中，始终将产业兴旺放在首要位置，用乡村的特色来建立特色的产业；不仅要建设农业产业化，也要建设二三产业的现代化，从而振兴乡村，缩小乡村与城市之间的差距。新型乡村人才作为振兴乡村的冲锋军，应勇于承担振兴产业的使命，这是历史的要求，也是新时代建设新农村的必然要求，从而做到实现乡村的产业振兴，以及为乡村的现代化发展贡献出新力量。

新型乡村人才在振兴乡村产业的进程中，必须坚持以农民增收、消除贫困为导向。农民收入增没增，是检验产业是否振兴的标准。新型乡村人才既要寻找振兴乡村产业的发展机会；又要在产业振兴的过程中，重点发展富民产业，对丧失劳动能力的贫困户尽快完善利益联结和保障机制。新型乡村人才在振兴乡村产业的进程中，要立足各乡村产业基础，找准产业发展的定位和方向，在规模化、集约化、产业化经营上用尽力气，切实培育、扶植、发展一批特色种植业、规模养殖业、农产品加工和销售的龙头企业；通过产业驱动、龙头带动、城乡联动，培育和壮大乡村特色产业，繁荣乡村经济，从而做到振兴乡村产业，促进乡村的发展。新型乡村人才应抓住生态优势发展乡村旅游产业，第三产业就业门槛低并且就业方式灵活，对于乡村的一二三产业协调发展具有很强的带动能力。随着经济发展和人们生活质量的不断提高，乡村旅游越来越成为社会大众关注的对象，大众欲体验乡村田园牧歌式的生活，乡村旅游产业迎来了千载难逢的发展机会。乡村振兴，旅游先行。在乡村尚未发展此产业时，新型乡村人才应要立足乡村资源禀赋和产业基础，围绕"吃、住、行、游、购、娱"等旅游发展要素，因地制宜，加快推进特色小镇和田园综合体建设，鼓励和吸引更多的城里人到乡下旅游、度假，或在乡村投资兴业，繁荣乡村。

乡村振兴首要达成的目标就是让农民的腰包鼓起来，要实现这个目标就必须要振兴乡村产业。实现农业由大到强的转变，这就要求新型乡村人才承担其振兴乡村的使命，大力构建现代农业产业体系、生产体系、经营体系，通过新主体、新产业、新业态的发展提升农业素质，真正实现农业发展提质增效。新型乡村人才应鼓励乡村生产者以特色化、品牌化培育竞争优势，破解农产品同质竞争困境，为生产者与消费者打好市场联结的基础，并且要坚持产品的质量导向，在产品创新、管理创新、源头治理、生产管控、市场监管等方面谋划，引导生产者提供更多优质、安全、绿色的农产品。新型乡村人才在振兴乡村产业的过程中，要加快建设现代农业产业体系、生产体系、经营体系方面布局，通过发挥各类现代农业园区的示范引导作用，强化科技财政金融服务，提升从业人员素质，推动生产经营组织化、规模化、机械化、标准化和智能化，推动农产品深加工转型升级等措施，提高农业创新力、竞争力、全要素生产率和产品附加值。新型乡村人才要勇于承担产业振兴的英勇使命，带动产业的振兴发展，延伸农业链条、拓展农业新功能、发展新业态等。新型乡村人才作为乡村产业振兴的主力，产业兴旺是实现农村现代化的关键，加快打造适合乡村实际情况的特色农业、品牌产业，搭建乡村振兴发展的有力平台，培育乡村发展新功能,从而实现乡村振兴,促进乡村的经济增长,以及缩小与城市的差距。

新型乡村人才要承担产业振兴的使命,制定和有效实施产业布局政策。在全国、省、市总体布局的前提下,县、乡镇产业布局政策充分发挥本地区优势,使资源配置在空间上达到最有效率的状态,实现全国乡村产业结构和地区产业结构双优化的任务。制定有效的产业政策,各乡村要选择适合乡村本地条件的发展重点和优势产业、特色产业,避免地区间、乡村间的产业结构趋同化,促进乡村各地经济在更高的起点上向前发展。同时,要正确选择主导产业,充分考虑资源的有限性、市场容量、技术成熟性、经济规模以及产业关联性等因素,来选择主导产业的配置。积极发展乡村专业化协作和配套产业,紧紧围绕主导产业及其配套产业的发展,兼顾基础产业和基础设施的建设,尤其是农业、能源、原材料、交通运输业和通信业的发展,保证各产业的协调发展。新型乡村人才要加强乡村产业横向联合,加强地区产业的横向联合,推进乡村资源优化配置。特别要鼓励乡村与乡村之间的产业联合,贫困地区与富裕地区的联合。新型乡村人才要实现产业政策区域化、区域政策产业化。乡村地区要以市场为导向,加快改革开放步伐,加强水利、交通、通信建设,大力发展农、林、牧业及其加工业,形成优势产业和特色产品,提高加工深度,延长产业链,使乡村资源优势逐步变为产业经济优势。

二、要勇于承担泽被乡邻的义务

新型乡村人才在振兴乡村产业化的过程中,首先要勇于承担振兴乡村的使命,其次则是勇于承担泽被乡邻的义务,乡村振兴不是个人富裕就能振兴,而是大家富裕、共同富裕,才能推动乡村的振兴道路向前发展。产业兴旺是带动农村发展的根本,是农民增加收入的主要来源,是实现农民富裕的关键。所谓产业兴旺,是以质量兴农、绿色兴农为导向,以农业供给侧结构性改革为主体,构建农业产业体系、生产体系、经营体系,实现一二三产业融合发展,从而提高农业全要素生产率,为建成农业强国奠定坚实的基础。新型乡村人才在国家和乡村的培育下，拥有新知识、新技术、新理念以及创新、创业、学习能力较强；所以在乡村产业振兴中，新型乡村人才作为推动乡村发展的主要力量，不仅为了增强自身的经济实力，还是为了振兴乡村，也为了提高其他乡邻的经济生活水平，一人富不是真正的富，大家富才是真的富。乡村是一个集体，在集体中应该互相帮助、互相提高，新型乡村人才在产业振兴中，带动乡村的产业发展，同时也要泽被乡邻，带动全集体的发展，为全集体创造发展的机会，促进经济的发展。例如，田作林，黑龙江省勃利县青山乡奋斗村农民，中共党员，曾在勃利县从事餐饮、娱乐行业。2011 年，当他看到城里人到乡下吃农家饭菜、食用农村绿色天然农产品比较火热，便产生了利用农村土地返乡创业的想法；2012 年 3 月，他回到家乡奋斗村组建立了黑甜甜葡萄采摘园；2013 年 10 月，组建了勃利县田园音乐葡萄种植专业合作社。围绕发展葡萄种植和生产销售，他走出了一条发展休闲旅游观光农业的新路子。合作社主要经营葡萄种植、鲜食玉米种植、加工、青贮、养殖销售，是集民宿体验、特色餐饮、电子商务等于一体的田园综合体特色村庄。2019 年，奋斗村被评为第一批全国乡村旅游示范村。2017 年，田作林开始对青山乡所有的贫困户进行帮扶，为贫困户发展庭院经济，免费发放 1.5 万棵龙丰果树，由他进行技术指导及高于市场价回收，并每年为 46 户贫困户发放 1 000 元工薪岗位资金。2018 年，田作林帮助太升村创建黑甜甜葡萄大棚 3 栋，以高于市场一元钱的价格收购葡萄，3 栋大棚年产值约 13 万元，有效地帮助了太升村村集体资金问题，为太升村脱贫攻坚作出了巨大帮助。他每年带动农民工就业近 120 人，其中贫困户占 43%。在土地流转方面，合作社以高于市场价 1 000 元的价格流转贫困户土地，还为贫困户发放鲜食玉米种子，玉米成熟后以高于非贫困户每棒 3 分钱的价格收购；在 2019 年新建的电商扶贫市场一条街，贫困户可以免费在市场上出售自己的农特产品，依托合作社的旅游业来销售产品。消除贫困是实现乡村振兴和农村人口生活富裕的基本要求，是人民追求美好幸福生活的基本权利，也是中华民族摆脱贫困走向全面小康、实现伟大复兴的真切追求。

　　振兴乡村产业是乡村振兴的基础，搞好乡村建设，产业兴旺是基础。新型乡村人才是乡村建设的一支优秀队伍，是产业化建设的主力军。新型乡村人才在建设乡村的过程中，不仅代表着乡村人民，也代表着国家的人才队伍；不仅仅是为了乡村文明的建设，促进经济的发展，也要关注其他乡村村民的生活水平与生活幸福度。新型乡村人才要指导并帮助其他村民进行农业生产，用科学化的生产技术与经营管理理念，对乡邻的农业生产活动提出建议并推荐使用新技术；以促进其产量的提升，扩大生产规模，延长农产品的产业链，促进农产品在全国范围内流通，加快农产品的转型与升级，提高乡邻的经济水平，从而促进整个乡村经济水平的发展，缩小与城市的差距。新型乡村人才在振兴乡村产业时，要帮助发展乡村原有落后的龙头企业，创新落后守旧的管理方法，加快促进产业的转型升级优化，带动当地村民的产业发展。除此之外，还要抓住发展乡村产业的机会，不仅是第一产业，还要依靠二三产业的兴旺推动乡村经济的发展，为其他乡村居民带来就业机会和发展机会，而不是离开家庭去城市寻找就业机会。新型人才在建设乡村时，不仅要丰富自身的知识与科学技术，还要辅导其他乡村居民进行新知识的学习，免费开设辅导课程。俗话说得好"授人以鱼不如授人以渔"，只有村民自己掌握科学的农业生产技术和科学的经营管理理念、创新创业的能力，乡村才能持续健康发展，振兴乡村产业指日可待。

　　我国进入新时代发展时期，提出实施乡村振兴战略，将产业兴旺作为该战略的首要任务，人才建设是乡村振兴的核心任务，新型乡村人才是建设乡村的主力军，能增强农业经济的造血功能、带动农村市场多方经营、培养一大批优秀的乡村居民共同建设美丽乡村，以达到振兴乡村。新型乡村人才在振兴乡村的过程中，不仅要带动乡村产业化的发展，促进乡村经济的发展，还要带动其他乡邻的经济发展，鼓舞乡邻的发展士气，提供大量的就业机会，带去新技术以及经营管理理念以指导其他乡邻进行农业生产活动、提升产量、扩大生产规模，促进农产品的全球流通，增强乡村整体经济实力。通过新型乡村人才在农村的建设活动，将当地村民建设成为现代高素质农民，组织培训种植技术和产业规划发展，使得农民增强在市场竞争中的抗风险能力，确保民众在脱贫、增收的道路上走得更远，大大提升乡村居民的自我发展能力。新型乡村居民在行使自身权利的同时，也要履行泽被乡邻的义务，独乐乐不如众乐乐，个体的富裕并不能振兴乡村，而是所有人都富裕才能真正实现乡村的振兴，增强乡村的整体实力。

三、要积极树立新型乡村人才的自信

振兴乡村的关键在于人才，习近平总书记指出："要推动乡村人才振兴，把人力资本开发放在首要位置，强化乡村人才支撑，激励各类人才在农村广阔天地大施所能、大展才华、大显身手，打造一支强大的乡村振兴人才队伍，在乡村形成人才、土地、资金、产业汇聚的良性循环。"乡村社会的有效治理和乡村产业的持续发展都离不开人才。在推进乡村振兴的过程中，只有人才支柱稳固，才能筑起新时代乡村振兴的大厦。国家和各级乡村都在积极参与培养一支懂农业、爱农村、爱农民、会经营的乡村人才队伍。新型乡村人才是振兴乡村的主力军，要积极树立自身各方面的自信，为建设产业化乡村贡献出自身的全部力量。壮大农业农村人才队伍，积极发展乡村的产业，带动乡村经济的持续发展。

（一）树立科技兴农的自信

新型乡村人才具备科学的农业生产技术以及经营管理理念，对于农业生产给予指导，为乡村带来新技术、新产品以及新方法，促进农产品的转型升级，加快农产品的全球流通，提高农民的收入，带动乡村经济的发展。我国进入社会主义新时代，科学技术是第一生产力，科学人才是社会进步的源泉。新型乡村人才应树立科技兴农的自信，乡村发展离不开农业，搞好乡村建设，用科技发展农业生产，以改变乡村落后的局面，缩小与城市的差距，促进乡村的振兴建设。乡村经济要想健康持久的发展，则需要二三产业带动第一产业进行发展，乡村产业化是给乡村经济"输血""造血"的重要环节，振兴乡村产业化的发展，淘汰与生态文明相违背的污染企业，转型升级落后企业，将与新时代脱节的乡村产业进行再造，使其追赶上新时代的步伐，以生态文明为主，建设新产业、新业态，以此带动乡村经济的发展，利用新科技发展产业，淘汰落后的生产工具，引用新技术、新工艺发展乡村产业，促成乡村产业链的形成，形成乡村特色的品牌产业，吸引更多的人才下乡工作，为建设产业化乡村提供力量。乡村之所以发展落后，是因为没有对新技术、新理念进行学习，依靠以往的经验进行生产生活是不行的，只有引进新技术，培育科技管理人才才能为振兴乡村提供基本的力量。新型乡村人才应树立科技兴农的自信，合理地运用科学技术并与农民的生产经验相结合，在振兴乡村产业中贡献各自的力量。

当今世界已经进入品牌竞争的时代，一个乡村产业要想做强做大，没有品牌战略思想，没有自己产品的品牌，是不可能长远可持续发展的。所以，新型乡村人才要树立科技兴农的思想，做大做强属于自己乡村特色的品牌。在选择好乡村特色产业、打造高品质产品的同时，还要注重品牌的培育、运作、推广工作，要大力宣传品牌、整合品牌、唱响品牌，以品牌引领产业发展，打造有口碑的"金字招牌"，不断提升乡村产业品牌的影响力、品牌的价值，不断提高产品的知名度。运用科技才能为乡村树立品牌，为乡村产业特色品牌宣传加大力度，从而促进乡村整体经济实力的提升，带动乡村产业化发展，促使乡村经济持续健康发展。新型乡村人才要明确农业科技创新的目标和方向，要利用信息化手段加快乡村农业转型升级，运用智能技术发展精准生产，依托互联网平台创新营销模式，多策多措并举，推动乡村农业产业科技创新，大力提升农业产业发展质量、效益和竞争力。新型乡村人才要把不断满足人民对优质产品的需要摆在突出位置，充分依托移动互联网、云计算、大数据、物联网等新兴信息技术，提供优质服务，助推乡村现代农业产业的发展。新型乡村人才要积极运用新兴的科学技术，发展乡村特色产业，建设乡村产业特色品牌，促进乡村产业农产品在全球范围内流通，带动乡村经济持续健康发展，使得乡村经济成为带动国家经济发展的新动力。

（二）树立产业兴农的自信

乡村振兴，产业先行。新型乡村人才首先要承担振兴乡村产业的使命。懂经营、会技术、有文化等这些都是新型乡村人才最基本的素质，通过这些科技能力，发展乡村产业势在必行。乡村产业化是乡村经济持续健康发展的必然要求，我国现在的经济发展主要依靠二三产业活动，发展工业和服务业是经济增长的必然要求，靠天吃饭的第一产业，拥有太多不确定的发展因素，所以现在我国的经济主要由二三产业拉动。乡村想要振兴，就必须搞好产业化的发展，这也是为了适应人民日益增长的美好生活需要。新型乡村人才应利用自身的知识优势，推进乡村产业融合发展与产业集聚区建设、乡村土地面积的规划管理、乡村基础设施产业的发展、特色乡村产业化的建设、公共服务体系建设、科技创新的推广、乡村新型农民的再培育等工作结合起来，以现代农业产业园、特色农产品优势区、农产品加工区等为载体引导产业集聚发展。新型乡村人才应树立产业兴农的自信，以产城融合、农村基础设施和公共服务建设等提升产业融合发展的基础能力，以科技、人才、土地等提升产业融合发展的资源要素保障能力。新型乡村人才要建立自身的自信，承担振兴产业的使命，为乡村产业化的建设贡献自身的力量。

新型乡村人才要树立产业兴农的自信，要以品牌引领产业优化，推行标准化生产、培育农产品产业的品牌，是发展现代农业的必然选择，是推进农村产业质量改革的必经之路。实施农业品牌战略，保护乡村特色农产品，打造"一村一品、一县一业"的乡村产业发展新格局，有利于将特色的产业地域资源优势转化为产业的市场竞争优势，创新乡村产业的发展模式，改变落后的产业面貌，促进乡村产业区域结构、农业结构、品种结构全面提升和优化。新型乡村人才要承担其产业振兴的使命，积极寻找发展乡村产业的机会，建立乡村产业集群，促进形成乡村特色品牌产业，构建农业产业体系、生产体系、经营体系，实现一二三产业的融合发展，从而实现乡村整体经济实力的提高，为建成农业产业强国奠定坚实的基础。新型乡村人才在振兴乡村产业时，要根据乡村特色发展特色产业，因地制宜，科学谋划产业的发展，持续发展，以市场大发展为导向，产业发展方向要与消费者的需求相吻合，只有具有潜在的消费能力，乡村产业才能得到发展。

（三）树立创新创业的自信

乡村振兴战略的实施，无论是产业化还是农业的振兴，都需要新型乡村人才具备创新创业的能力与自信，在振兴乡村的过程中，敢于创新，勇于创业，发挥乡村特色产业优势进行创新创业，则振兴乡村产业指日可待。新型乡村人才作为乡村振兴的主力军，要积极树立创新创业的自信，运用自身具备的科学经营管理能力和知识学习能力，对乡村特色产业进行创新，使其符合我国新时代的经济发展要求，并且创新农业生产生活技术，为乡村农业生产建言献策。新型乡村人才要敢于创业，树立创业的自信，创业失败不可怕，可怕的是一蹶不振，失败是成功之母，这是每个人都知道的道理。所以，新型乡村人才作为建设乡村的中坚力量，更应该树立创新创业的自信。新型乡村人才应发挥带头作用，积极进行创业活动，根据乡村的特色进行创业，带领其他乡村居民进行创业活动，给乡村创造大量的就业机会，使得乡村能够留住人才，减少优秀人才的流失，为实施乡村振兴战略奠定人才队伍基础。新型乡村人才应为振兴乡村贡献自身独有的力量，创新乡村的建设，在振兴乡村的过程中积极寻找创业的机会，带动乡村经济的发展，提升乡村居民生活的幸福度。

新型乡村人才在振兴乡村产业发展的过程中，要积极获得党和国家的扶持与帮助。在乡村振兴战略提出后，党和国家出台与实施了大量人才扶持的政策及措施，鼓励和支持新型乡村人才进行创业创新活动，寻找乡村产业发展的机会，带动乡村整体经济实力的发展。新型乡村人才是推进乡村产业振兴的重要力量，是振兴乡村的主力军。时任国务院副总理汪洋曾强调，"双创双新"是解决乡村产业振兴人才来源的有效渠道，可以促使更多的优秀人才流向乡村产业振兴建设，并且带动乡村农民思想观念和生活生产方式的创新转变，加快乡村人才的培养。吸引多元化人才返乡下乡创业创新，带动乡村的管理、科技发展、资金等要素在乡村快速流动，充分激发新型乡村人才的聪明才智，在广阔的乡村营造创业创新的良好氛围。党和国家要积极推出扶持政策，引导和支持乡村新型人才及创业创新人员利用新理念、新技术和新渠道开发乡村农业生产资源，发展优势特色乡村产业，实现从"输出一人致富一家"的打工效益向"一人创业致富一方"的创业效益转变。支持开展乡村新型人才创业创新大赛，更好地激发乡村创新创业的内生动力。

乡村产业振兴的核心在于人才，只有新型乡村人才才有能力担负起振兴乡村的使命。所以，新型乡村人才队伍应树立各个方面的自信，即在生活中、在学习中、在生产中、在建设乡村中都应该积极树立自信，敢想敢做，积极动手实践，使想法不仅仅存在于脑海中，而是存在于真正的实践生产生活中。在振兴乡村产业的道路上，总会有失败、挫折、痛苦，但是只要不抛弃、不放弃，依旧会实现乡村产业振兴。自信使人拥有活力与坚强，树立自信不仅使自身能够坚持建设美丽新农村，而且在建设乡村产业化的过程中还会不断地发现发展的机遇，带动乡村经济的发展、生态环境的发展、基础设施条件的发展以及特色乡村文化的发展。

四、要主动获得党和政府的扶持帮助

自从党的十九大提出乡村振兴战略，国家和各级乡村开始着手培育新型乡村人才，建设一批懂农业、爱农村、爱农民的乡村建设队伍，并且将乡村农民培育成会经营、有文化、懂技术的高素质农民。新型乡村人才是振兴乡村产业的主力军，是建设乡村的中坚力量，在建设乡村的过程中，应积极主动获得党和政府的扶持帮助，在国家的帮助下运用自身的力量，振兴乡村。党和政府要高度重视乡村人才的培训以及农技人才的培育，让乡村人才在农村扎下根。改变乡村空心化的格局，为乡村振兴持续不断地输送人才，让乡村拥有一大批有文化、受过培训、掌握现代农业生产技术的新型农民或农技员，是实现农业现代化、完成乡村振兴的关键所在。党和政府为实施乡村振兴战略出台了一系列人才培养措施、人才费用补贴，鼓励大学生以及科研人员下乡返乡，为乡村人才在乡村提升工资待遇、补贴。所以，新型乡村人才要运用自身的条件以及外在的机遇条件，成为振兴乡村的优质队伍。

（一）金融扶持

新型乡村人才在建设乡村振兴中，发展乡村产业化，带动农业生产生活的迅速发展，需要大量的金融资金。新型乡村人才在乡村振兴中，创业创新乡村产业，同样也需要大量的资金支持以及财政金融方面的补贴。党和政府建立完善的包括创业兴业、风险防控、信息服务、劳动保障等内容的综合扶持政策体系，并且在信贷发放、土地使用、税费减免等金融体系中进行产业扶持。新型乡村人才要积极主动寻求党和政府的金融扶持帮助，勇于创新，引进新技术和新的经营管理理念，加快农业生产科学机械化，减少人力资本的投入；加大金融资本的投资，敢于创业，改变乡村产业落后的现状，转型升级优化乡村产业；并且根据乡村特色，发展新的适应于乡村特色的乡村产业，促进乡村经济的持续健康发展，促进乡村产业集聚化，拉动乡村经济的发展。新型乡村人才在遇到问题与困难时应主动寻求党和政府的扶持帮助，农民要积极获得党和国家的帮助，农业银行和邮政小额贷款对于乡村建设人才国家都有相应的扶持帮助，乡村人才队伍要积极响应党和国家的优惠政策，振兴乡村产业，促进乡村经济的持续健康发展，推动乡村人才生活幸福度的提高，缩小与城市之间的差距。

（二）政策扶持

党和国家为了振兴乡村产业，实施大量优惠政策扶持，以帮助新型乡村人才进行乡村产业振兴。国家制定完善的政策，扶持新型乡村人才创新创业，振兴乡村产业化。各级省市为了响应国家政策的支持，相继出台了新型乡村人才社保补贴，对于符合新农村建设的新型乡村人才及乡村农民、用人单位或者学校等给予社保补贴；并且在新型人才队伍建设乡村的工作中，评选公示人才标兵等实用型人才。国家出台《关于加快推进农业供给侧结构性改革的扶持政策》，加大对新型人才建设乡村产业化的支持力度；另外，出台了《城乡居民创业小额贷款和种养业贷款发放工作操作办法》，优化乡村居民贷款发放，实施利息补助，支持自主创业。新型乡村人才应该积极寻求这些优惠政策的帮助，在建设乡村产业化的过程中，努力发挥自身的条件优势，加上政府政策的帮助，发展乡村产业化，改革创新产业链，促进乡村产业的升级优化。乡村居民更加应该关注党和国家对于乡村建设的有关政策支持，寻求发展自身的机会，不仅是进行农业生产，还要坚持发展产业化、农产品产业化以及特色产业化；利用乡村特色文化，发展生态产业，形成自身的独特品牌；在全国范围内流通农产品，发展多种农产品类型的加工、乡村旅游业等产业，新型乡村人才应看准机会，在党和国家的帮助下努力建设产业化乡村、美丽乡村。

(三) 保障服务扶持

党和国家为建设乡村人才队伍，培育大量科技人才以及高素质农民。党和国家为吸引与留住人才，实施了大量的政策保障措施，以更加优惠、具有吸引力的政策条件增强人才"黏性"，搭建成熟、健全的共建、共治、共享人才机制；引进人才时，推行创业扶持、特殊补贴、住房医疗、子女教育以及配偶就业等方面的政策，使新型乡村人才享有相应的补贴和保障；并且提供定期进修学习的机会，选派优秀人才外出留学深造等人才保障服务的扶持。新型乡村人才要抓住这些扶持政策，利用优势的条件，避免后顾之忧，利用自身的知识条件和科学的管理才能，对乡村产业化的建设提供自身的力量。乡村农民也要时刻关心党和国家的扶持政策，寻找发展乡村的机会，在科技人才的指导下，纵观国家经济发展的大形势，促使乡村的发展与新时代的经济形势相统一；转型升级乡村产业，改变封闭落后的状态，建设美丽新农村，振兴乡村产业；以产业带动乡村经济的发展，提高乡村生态文明的发展。新型乡村人才应响应党和国家的人才发展机制，在保障自身发展的同时，积极参与国家的政策扶持，自主创新创业，保障家庭条件，优化乡村产业，抓住每次能够发展自身的机会，带动乡邻的创新创业热情，促进乡村整体经济实力的增强。

新型乡村人才作为乡村产业振兴的主力军，既承担起振兴产业的使命，也要履行泽被乡邻的义务；在发展自身的同时也要带动其他乡邻的发展，从而提高乡村的整体经济实力。新型乡村人才要积极寻求党和国家的扶持帮助，遇到困难积极找党和政府，不退缩，不气馁，敢于与困难作斗争，在党和国家的帮助下为乡村振兴贡献力量，为乡村产业的振兴出一份力。党和国家为振兴乡村实施了相应的优惠政策以及人才补贴保障等，新型乡村人才应该积极主动获得相应的帮助，自主创新、自主创业，为乡村产业化建设贡献出自身的力量。

第二章

新型乡村人才在哪里

　　乡村要振兴，人才是核心。乡村振兴战略需要人来实施，由乡村农民、乡村干部、农业农村人才群体、外来科学技术人才以及学农的大学生等构成的乡村振兴队伍，其素质的高低、能力的强弱、态度的积极与否直接关系到乡村振兴战略的效果。这些人才也是一个新团体：新型乡村人才。新型乡村人才是振兴乡村产业化的主力军，只有建设一支懂农业、爱农村、爱农民、懂经营、会技术、有文化的乡村人才队伍，才能在振兴乡村中发挥出自身最大的力量，促进农村农业生产，扩大生产面积，合理规划利用乡村土地资源，加快农产品的全球范围内流通，增加农产品的附加值，寻找发展产业的机会，改造原有落后的乡村产业，创新产业发展机会；使其适应经济的迅速发展，带动整体乡村经济的发展，缩小与城市之间的差距，促进乡村产业的振兴。党和国家积极建设乡村人才队伍，农村实用人才是全面打赢脱贫攻坚战和实现乡村振兴战略的人才保障与智力支撑，充分挖掘和培养适应新时代的新型乡村人才，是实现乡村振兴、助推精准扶贫的人才保证和智力保障。

　　乡村产业振兴不仅要吸引大量的外来人才，还要培育乡村内部农民的才能，留住乡村人才。随着乡村振兴战略的提出，掀起了一批返乡下乡的热潮，大量科研人员和学农的大学生参与到乡村产业振兴的建设中，为建设美丽乡村贡献自身的力量，但是热情褪去得也快，乡村留不住人才也是阻碍乡村发展的重要因素。乡村产业化的发展振兴是个长期且艰难的过程，需要大量的新型乡村人才驻扎在各个乡村以带动乡村的经济健康持续地发展。所以，乡村必须要能够留住人才，丰富自身的基础设施条件，在各方面缩小与城市之间的差距，以留住人才。目前，乡村人口流失严重，仅仅剩年纪大的老人和一些小孩子留守乡村，青壮年劳动力到城市寻求就业的发展机会。但是，由于乡村外出务工人员的知识水平有限，对于经营管理理念一窍不通，只能存活于城市的最底层，做些基层工作。乡村要留住原有的农民，必须加强农业生产技术的指导，为其进行生产、生活活动减少困难和阻碍；另外，在发展农业生产的同时，要加快推进二三产业的开放，建立产业集群，提供大量的就业发展机会，提高工资待遇水平，提供基本生活补贴，尽量减少外出打工，使大量农民留在乡村，发展建设产业化乡村。

党和国家为了振兴乡村，培育了一大批懂农业、爱农村、爱农民、会经营、懂技术、有文化的建设乡村的新型人才。我们要培养、发展、吸引外来的人员，科研人员、学生等需将科研报告中的内容真正与乡村的实践生活相结合，不再是纸上谈兵，将所学知识用到农村的经济管理中，指导和发展乡村居民的生产、生活活动，提升农民的生产产量，促进农产品的加工制作，使其快速流通。而且，还要培育乡村内部人才，从乡村领导班子的培育抓起，拥有优秀的领导人员，才能转变农村封闭守旧的思想，开设辅导课程培育乡村农民，培养其经营管理理念，对农产品进行科学营销，整合规划农村土地资源，寻求发展乡村产业化的机会。无论是引进的外来人员，还是培育的乡村内部人才，都要给予重视，党和国家以及各级乡村都实施了重要的优惠扶持政策、人才补贴政策、社会生活保障等扶持，为新型乡村人才建设产业化乡村提供一个稳定和谐的发展环境。

第一节　引进乡村产业振兴专业化人才

目前，许多乡村都积极响应国家人才扶持政策，在乡村产业振兴的过程中，引进产业振兴的专业化人才。例如，江西省宜春市奉新县，其引进乡村振兴人才的做法值得其他乡村学习借鉴。近些年，奉新县把乡村人才工作纳入人才强县的战略,不断创新人才引进、培养、使用机制,各类多元的专业化乡村人才在奉新县的乡村产业振兴的舞台上大展身手。人才是乡村振兴产业化发展的推动力量,在"人才是第一资源"的共识下,奉新县抓住乡村发展的短板问题,应时而动、顺势而为,主动把新型乡村实用人才引向乡村产业化发展,给乡村振兴增添了动能,注入了人才活力。人才在乡村振兴中发挥着可贵的作用,让其释放最大价值。奉新县的人才应用体系就抓住了实用人才这个关键,很好地解决了为当地乡村振兴注入不竭动力的问题。乡村振兴就需要"贴身"且"实用"的新型乡村人才体系。奉新县根据乡村发展实际,重点引进农业技术、电子商务、生态旅游等相关领域的紧缺人才,不仅盘活了乡村发展资源,还逐渐形成了致富共同体,这是对乡村产业化发展"造血"功能的有力支撑。正是有了这个支撑,奉新县的特色产业日益形成规模,返乡创业也开创了新局面。由此可以看出,引进人才要"走心",留住人才要用心。能在火热的"抢人大战"中保持理性冷静,清醒地认识到自己真正需要的,本身就体现一个地方对人才的态度。功以才成,业由才活。任何乡村人才引进体系,都需要写好"人才输入"和"价值输出"两篇文章。为了实现这个目标,奉新县制定了乡村新型人才的引进办法,在土地、金融、税收等方面出台倾斜扶持人才的政策,广泛开展乡村新型人才送技入户活动,着力在充分发挥人才价值释放上打出"组合拳",最大限度地把各方面的新型乡村人才集聚到乡村产业振兴中,奉新县对于人才引进乡村的做法值得广大乡村人才队伍建设的学习。

乡村产业振兴需要大量新型乡村人才,引进专业对口的产业化人才,指导乡村农民进行农业生产生活,合理有序地扩大农业种植面积,对土地资源进行整合规划,改良贫瘠土地,合理进行农业生产。积极寻求乡村产业化的发展机会,改变落后的乡村面貌,创新产业的发展方式,为乡村人员提供大量的就业机会,留住乡村人才,促进乡村经济蓬勃有力的发展。党和国家为建设振兴乡村,积极培养了一大批符合要求的专业人才,出台了一系列吸引人才的政策扶持,为新型乡村人才提供生活保障和大量的发展机遇,以及为乡村人才提供了广阔的发展前景。产业兴旺需要经营管理人才、科技人才以及专业对口的技术人才，生态宜居需要环境治理人才、景观设计人才，乡风文明需要文化传播人才，治理有效需要乡村管理人才，生活富裕需要教育、医疗人才，人才匮乏是制约农业农村发展、阻碍乡村全面振兴的最大瓶颈。乡村产业振兴建设只有引进大量产业振兴专业化的人才，才能做到产业兴旺、振兴乡村。广东省在构建人才制度方面，以更大力度实施"扬帆计划"，在继续推进现有项目基础上，新增实施"科技专家服务团"项目，推动中青年科技人才、高级管理人才到粤东、粤西和粤北地区（以下简称粤东西北地区）高新区、产业园区、功能区挂职服务，促进人才、科技、产业精准对接融合；建设"人才驿站"，打造柔性引才的公共服务平台，根据当地需求靶向引进区域外各类人才，力争3年内实现粤东西北地区人才驿站全覆盖，逐步建立长效稳定的柔性引才机制；同时，在人才考录、招聘、任用等方面赋予粤东西北地区更大自主权，允许采用特殊政策吸引紧缺急需人才，让各方面人才在粤东西北地区振兴发展过程中成就梦想、建功立业。

"年轻人是未来乡村振兴的希望。"全国人大代表、江苏省宜兴市西渚镇白塔村党总支书记欧阳华说，"要吸引年轻人留乡、回乡，必须引导适合年轻人发展的产业进入乡村。"为了让更多的年轻人喜欢乡村、留在乡村，欧阳华在白塔村打造了一批适宜年轻人发展的产业项目。目前，全村已有30%的年轻人参与乡村建设。要引进优秀的青年人返乡下乡，则必须要发展乡村特色的产业。进入新农村建设的新时代，随着农业规模的不断扩大、种植面积的扩展、农产品知名品牌的打造、多种农产品的深加工，都需要高学历、高技术创业者深耕细作，急需专业对口的振兴产业的人才。以产业化振兴乡村，促进乡村经济持续健康的发展，就需要大批的建设人才，懂技术、会经营、有文化的新型乡村人才才能对振兴乡村起到重要作用。乡村想要引进产业振兴的相关人才，必须做好自身的基础设施建设。"三农"领域吸引了越来越多有头脑、有远见、有闯劲的新型乡村人才。党和国家出台了相关的政策，打好"乡情牌""乡愁牌"，念好"招才经""引智经"，支持鼓励专业的新型乡村人才"回流"乡村，投身乡村建设的管理。积极引导市民下乡返乡、能人回乡，发展现代乡村产业以及电子商务等产业的新业态、新模式，打造乡村特色田园综合体。围绕当地乡村特色优势产业开发和农产品精深加工、农田水利、旱作农业、节水农业、高产高效栽培、畜禽标准化养殖、优良苗木繁育、疾病防控、作物病虫害防治等农业生产领域，着力吸引和培育一批种养加生产能手和农业技术服务人才。

通过优惠政策、项目支持和科技帮扶等措施的实施，积极引导和鼓励新型乡村人才参与实施现代农业产业化的发展项目，引进专业的产业振兴人才，带头创办产业经营经济实体，示范和带动更多的农民在发展产业的过程中逐步成为懂技术、会管理、善经营的复合型人才，增强乡村本土的"造血"功能，实现"培养一批能人、带动一方发展、富裕一方百姓"的人才聚集效应。乡村振兴需要大量符合要求的专业人才，到乡村指导农业产业化的发展，引导乡村农民走向产业化的道路，建设乡村产业集聚区，加快升级转型乡村原有的落后产业，寻求发展新兴特色产业的机会，建立新产业、新业态，迎合经济建设的新时代，给乡村带来就业机会与发展机遇，留住大量的乡村农民，为建设乡村奠定人才基础。引进专业的产业振兴人才，为振兴乡村"输血""造血"，促进乡村经济的健康稳定、可持续的发展，缩小乡村与城市之间的差距，逐渐使乡村的发展跟上时代发展的步伐，为乡村经济的复苏提供强大的应援力量。创新方式，拓宽柔性引才渠道。河南省依托郑州航空港国家级引智试验区等平台，邀请施一公等28名"千人计划"专家为航空港建设把脉问诊。同时，河南省与20多个部委、高校院所及北京、上海等地的政府部门开展合作，促进人才互动交流。此外，河南省还通过项目招标引才、岗位特需引才、海外筑巢引才、亲情乡情引才等渠道引进"高精尖"人才，为河南省发展提供智力支持。河南省坚持招商引资与招才引智融合互动，探索建立省辖市、省直管县人才发展监测评价体系，将柔性引才列为重要内容；同时，设立专门服务窗口和一站式服务中心，为引进人才解决项目申报、社会保障、户籍、子女教育等问题。此外，河南省落实省级领导干部直接联系高级专家制度，积极推荐优秀海外归国人才参加国庆观礼、北戴河暑期休假等活动，让人才充分释放创新活力。

　　乡村要振兴，产业兴旺是基础。要立足各乡村产业基础，找准产业发展的定位和方向，在规模化、集约化、产业化经营上下大力气，切实引进、扶持发展一批特色的新型乡村人才、专业的振兴产业人才。党和国家要出台相应的人才政策，动员从乡村走出去的人，回归乡村、反哺乡村、带动乡村经济和文化繁荣发展；鼓励专业化新型乡村人才到乡村进行振兴产业化的建设，在领导班子的带领下，与其他居民一起走向致富的道路；引进大学毕业生、城市专业技术人员、专业产业化振兴人才等青年群体，投身乡村创业兴业。广大乡村要敞开心胸和怀抱，不断吸引人才、物资、资金涌入，逐步形成乡村和城市之间人口的双向流动态势，让更多的人才参与乡村产业振兴，享受乡村发展成果，提升乡村整体经济实力，缩小与城市之间的差距。乡村振兴引进专业的产业振兴人才是新时代的必然要求，也是乡村经济发展需要的必经之路。

第二节　培育乡村产业振兴多元化人才

　　在产业化振兴乡村的过程中，除了引进产业振兴的专业人才，还必须培育乡村产业振兴的多元化人才。乡村人才振兴，是一项需要系统谋划的重大工程，树立乡村人才整体发展观，打破城乡人才流动的区隔和壁垒，不断创新举措，让本土农民愿意留在家乡发展，让在外有成者争相返乡创业。乡村要振兴，产业要兴旺，必须培育乡村振兴带头人、懂农业爱农村爱农民的"三农"乡村人才建设队伍、高素质农民、新型经营主体、"三乡"主体 5 类乡村振兴新型人才，打造一支强有力的乡村振兴人才队伍，推动农业成为有发展前景的带头产业、农民成为有吸引力的职业、乡村成为安居乐业的美丽家园，鼓励多元化人才在广阔的乡村大展才能。党和国家在乡村产业振兴的过程中，要积极培育产业振兴的多元化人才，寻求乡村产业化发展的机会，创新改革落后的乡村产业，鼓励自主创业，带动乡村整体经济实力的发展，提供大量的就业发展机会；在发展乡村的同时，留住乡村本土化人才，促进农产品加工业的发展，加速农产品在全国范围内流通，促进乡村产业振兴。

中央高度重视培育新型乡村人才。2012 年，中央 1 号文件首次提出要大力培育高素质农民后，中央经济工作会议、政府工作报告、国务院职业教育改革发展决定、中共中央办公厅和国务院办公厅印发的《关于引导农村土地经营权有序流转发展农业适度规模经营的意见》等一系列重要会议和文件，对新型乡村人才的培育都有明确的部署和要求。早在 2011 年，陕西省就立足乡村劳动力结构性变化，聚集破解"谁来种地"难题，先行试点高素质农民培育，抓点示范，多发点力，实施整省推进，积极探索"在经营主体中培育、在产业链中成长、在服务体系中成熟、在政策扶持中壮大"的培育路径，建立了"政府主导、政策扶持、制度保障、产业带动"的培育机制，摸索出了一条符合中央要求、契合陕西实际、具有地域特色的高素质农民培育路子。习近平总书记指出："以吸引年轻人务农、培育职业农民为重点，建立专门的政策机制，构建职业农民队伍，形成一支高素质的农业生产经营者队伍，为农业现代化和农业持续健康发展提供坚实人力基础和保障。"李克强总理指出："农业科技成果最终是由农民使用的，要在提高农民科技文化素质、培育新型职业农民上下功夫。要加快发展农业职业教育和成人教育，逐步建立有效的农民免费培训制度；加大对大中专院校的农林类专业学生的助学力度，鼓励激励更多的青年人学农务农，使农业后继有人。"这表明培育新型乡村人才已经上升为国家意志和战略，为开展乡村产业振兴工作提供了坚强的领导和组织保障，现实和发展需要、中央重视、经济社会条件具备，为推进培育乡村人才队伍提供了重大机遇。

一、发挥乡村党支部的领导能力，培育乡村产业振兴带头人

目前，大部分乡村地区存在村干部老龄化、体制结构僵化、青黄

不接，以及村"两委"副职与委员工资、社保未纳入财政预算等问题，使得乡村整体实力较弱，封闭守旧，对于产业的发展更是少之更少，许多乡村不仅没有龙头企业，甚至连企业都没有。乡村要振兴，发展乡村产业，需要一个好的带头人。村党支部要成为帮助农民致富、维护乡村稳定、推进乡村产业振兴的坚强战斗堡垒。大力实施"红色头雁"工程，五级书记共同抓乡村产业振兴，提升党的组织力、战斗力。选优配强基层党组织书记，实施村党组织带头人整体优化提升行动。从根本上改变封闭守旧落后的局面，创新乡村经济的发展模式，发展乡村产业振兴，寻求发展产业化的机会，为乡村居民带来就业发展机会，促进乡村整体经济实力的提高。全面向贫困村、软弱涣散村和集体经济空壳乡村派出第一书记，开展党建引领乡村振兴示范区建设。在乡村产业振兴的过程中，不断选择优秀先进的村支部，推广先进村辐射周边村、强村带弱村、村企联建、合村并组等做法。全面落实村党组织书记由县级党委备案管理制度和专职化管理。优化乡村党员队伍结构，加大从青年农民、乡村外出务工人员中发展党员力度。结合乡村产业的高质量发展、乡村产业融合、美丽乡村建设、精准扶贫等工作，开展省、市级各业务部门的培训教育，不断提高乡村领头人的能力，增强自主创新创业能力，不断寻找乡村产业发展的机会与机遇，带动乡村整体经济实力的提高，为乡村产业化的发展打下基础。

推进乡村振兴战略要重视基层干部队伍建设，培养新型乡村人才。重视基层干部队伍建设，发挥引领作用。以习近平同志为核心的党中央高度重视乡村振兴战略。党的十九大报告明确提出，"要坚持农业农村优先发展，按照产业兴旺、生态宜居、乡风文明、治理有效、生活富裕的总要求，建立健全城乡融合发展体制机制和政策体系，加快推进农业农村现代化。"事实上，实现乡村产业振兴，激发、调动人民群众的积极性和创造性，必须充分发挥基层干部的重要作用。乡村产业振兴离不开人才队伍的建设和培养。人才队伍稳固是实现乡村稳定、乡村产业兴旺的重要基础。推进乡村产业振兴是决胜全面建成小康社会的重大历史任务，是对乡村地区着力推进现代化建设的有力引领。乡村产业振兴是新时代"三农"工作的关键目标指向，拥有一支深刻了解乡村生产生活的多元化、高素质"三农"工作带头队伍尤为关键。习近平总书记强调，强化乡村振兴，要推动人才支撑，表明在推进乡村产业化的过程中，人才是创业创新的支柱，只有人才支柱稳固，才能筑起新时代乡村建设的大厦。所以，拥有一批优秀的乡村领导班子也是重中之重的首要任务；在优秀的村党支部带领下，乡村产业振兴建设才会火热进行。

二、发挥乡村干部引领作用，培育懂农业、爱农村、爱农民的"三农"工作队伍

在目前乡村产业振兴的工作队伍中，人才实力较为薄弱，人员紧缺、知识匮乏、能力不足等问题突出，科技特派员、大学生"村官"等尚未形成服务于"三农"建设的长效机制。发展乡村特色产业化，就要坚持把优秀干部充实到"三农"战线，把精锐力量充实到基层一线；注重选拔了解乡村产业化发展工作的干部，充实地方各级党政班子；完善乡村工作干部队伍的培养、配备、管理、使用、评价和激励机制；建立教育、卫生、农业、文化旅游等涉农部门专业人才县域统筹使用制度和乡村人才定向委托培养制度；通过编制、职称、经济待遇等资源优先向乡村倾倒，形成人才向乡村流动的用人导向；引导各类人才投身于乡村产业振兴，推动精准扶贫工作队向乡村产业振兴工作队转变，为产业经营、乡村建设、基层治理等提供全方位的指导；实时组建乡村产业化发展的学校，构建差别化、个性化、全方位终身培训机制，在基层发展、磨炼和重用本土人才；建立引导和鼓励高校毕业生到基层工作"下得去、留得住、干得好、流得动"的长效人才发展机制，让大学生愿意留下来。在优秀村干部的带领下，党和国家以及各个乡村内培育一支懂农业、爱农村、爱农民的新型人才队伍。

乡村村干部了解国家政策，对本地区发展规划的掌握比较精准、执行比较到位；并且，乡村领导班子对本地区的资源禀赋、发展优势以及短板不足较为清楚。因此，各个乡村要充分发挥基层干部把脉定

向的作用。加强基层干部队伍建设，必须要强化基层干部依法办事和贯彻党的方针、路线及政策的能力。基层干部是党的方针政策的执行者和传达者。因此，提升基层干部能力不仅是全面推进乡村振兴战略的要求，也是促进乡村社会和谐发展的重要保障。在振兴乡村产业化的过程中，要积极发挥村干部的作用，激活乡村潜在人才资源，田间地头是乡村人才的"练兵场"。在这一庞大的乡村土地上，埋藏着无数可塑性人才。全面提升乡村基层部门的人才意识，加大基层人才培养力度和政策倾斜。在乡村产业振兴发展过程中，需要在基层发现、磨炼和重用相关的专业人才，将乡村打造成为"孵化"人才的基地，打造乡村本土的创业"头雁"，面向乡村产业化的精英人才、回乡大学生以及乡村产业技术能手等人才，全面开放发展机会，让新型产业化人才立足乡村当地产业施展才华、建功立业。乡村各级干部要进行全方位、多角度、立体化的宣传教育，帮助乡村农民明晰乡村振兴战略的概念思路、政策条件、资源优势、潜在风险以及未来发展前景，在脱贫攻坚、项目开发的过程中进行政策宣传，为全面营造人才活力迸发的氛围创造舆论条件。将新型乡村人才打造成为现代化农业农村产业化建设的主力军，广泛集结农业院校、科研单位、职业教育机构以及电商平台等力量，共同构建教育培训资源输送体系，为挖掘和发展新型乡村产业化人才作出积极的贡献。

三、发挥农民主体作用，培育爱农业、懂技术、有文化、善经营的新型乡村人才

目前，乡村人才流失严重，"人走村空"问题愈演愈烈。乡村青壮年劳动力大量持续转移导致乡村住房闲置、土地撂荒、基础设施报废，村庄空心化对农业农村产业化发展造成巨大的发展障碍。"老人农业、妇女农业、小学农业"的问题日渐突出。许多青壮年劳动力都流失到城市，离开乡村，进城打工干活，即使留在乡村也不愿种地、不会种地以及不会寻找产业发展的机会。这些乡村人才对自身的主体地位认识不足，新型乡村人才队伍建设存在内生动力不足、基础条件薄弱、培训效果不佳等问题。农民人才是乡村产业振兴的主力军，应

突出自身的主体地位，尊重创新创业精神，激发和调动乡村人才的积极性、主动性，就地培养更多爱农业、懂技术、有文化、善经营的新型乡村人才。实施新型乡村人才培育工程，建立健全培训认定、政策扶持、跟踪服务"三位一体"的新型乡村人才的建设培育体系。2016年，河南省农业厅、财政厅根据当前农业发展实际，创新培训机制、模式、内容和手段设计高素质农民培训，旨在加快现代农业和农村经济发展，推进大众创业、精准扶贫，被称为惠农富民的"壮脑"培训；特邀理论知识丰富和实践经验丰富的大学教授设计课程，辅以农业经营成功人士"现身说法"，确保教学质量和指导效果；培训结束后采取"扶上马送一程"措施，对参训学员的实践进行指导和跟踪服务，切实发挥高素质农民在新农村建设中的传帮带作用，引领越来越多的农民发家致富奔小康。将农民、市场、产业发展的需求作为培训教育的导向，有针对性地制订培训计划，并以项目化管理推进乡村新型实用人才、乡村领军人才培训的实施。建立农民培育制度、高素质农民职称制度及乡村人才技能等级评价制度，鼓励企业和用工单位按照技能等级评聘岗位人员并建立配套的薪酬制度，增强农民作为乡村振兴建设主体和受益主体的能力。

在乡村产业振兴的过程中，实施培训、培育、质量优化工程。加强对新型乡村人才的管理考核，优化完善《新型乡村职业农民认定管理办法（试行）》《新型职业农民考核管理办法（试行）》，突出分类管理乡村人才，加强乡村人才建设队伍的绩效考核；突出新型乡村人才的培育实效，立足农业农村一二三产业融合发展，建设田间学校，丰富现场学习、考察交流、创业论坛、师徒结对等多种教育形式，创新优化高等院校定向委培和成人学历教育，建立健全继续教育、工学交替、技能培训、顶岗实训等人才培育机制；注重拓宽视野，分行业、分专业遴选新型乡村人才的代表、创新创业带头人等，分批次组织出境、出国考察学习，重点赴日本、以色列、法国等地考察学习精致农业产业、设施农业、休闲农产业、农产品精深加工等。乡村振兴离不开广大农民的参与，农民的文化程度会对乡村振兴的实现效果产生影响。所以，在振兴乡村产业的过程中，应积极培养新时期的新型乡村人才。通过加强对农民的培养以及培训来提升其综合素质，激发广大农民学习科学技术、提高知识文化水平的意愿，使农民能够在提升乡村发展质量、推进乡村振兴战略中贡献自身的力量。在推进乡村振兴战略的过程中，农业农村发展迫切需要吸引和培养优秀人才。

党和各级政府要加大乡村农业产业人才的培养力度。十年树木，百年树人，人才成长不能一蹴而就，需要党和国家长期不懈地培养支持。要围绕乡村振兴战略的需要，出台制定深化乡村新型人才发展体制机制，进一步建立健全符合乡村产业振兴的人才成长特点的培养支持机制，广泛发挥各类市场的主体，加大培养力度，创新培养人才的模式，提高培养人才的质量。要把乡村人才培养纳入乡村农业现代化目标评价体系，将新增农业财政支持投入重点向"绿箱"政策转变，推动设立乡村产业振兴人才发展专项资金，加大乡村新型人才培训的投入，帮助扶持广大农业农村人才安心开展创新创业活动，促进乡村整体经济实力的增强，提升乡村人民生活的幸福度。乡村农民作为建设乡村产业振兴的主体，应该积极加强培育农民成为乡村振兴所需的新型乡村人才，鼓励支持人才进行创新创业活动，用自身的力量带动乡村整体经济实力的发展，缩小乡村与城市之间的距离，改革乡村产业落后的面貌，创新乡村产业的发展方式，转型升级优化乡村产业，给乡村人民带来大量的就业发展机会，提高乡村经济实力的同时，也要增强其他乡邻的经济实力，通过产业化发展促使乡村经济持续健康发展。

四、发挥新型乡村主体带头作用，培育农业产业化联合体

目前，新型乡村人才在进行振兴乡村产业的过程中，面临用地难、用钱难、用人难"三难"和"小、弱、散"等问题，大宗农产品的价格下行与农资、地租、人工等成本刚性上涨并存，导致乡村农民无法进行生产经营活动。对此，党和国家应加大政策支持力度，开展"新型乡村人才主体壮大行动"，设立新型乡村人才建设产业化乡村专项扶持资金，支持乡村农产品发展建设粮食烘干仓储设施、果蔬冷链、培育乡村特色产业品牌。引导各类新型乡村人才建设队伍完善内

部运行机制，建立健全规范运作、财务会计、年度考核、监督管理等各项制度。建立新型农业经营主体市场准入和退出机制，引导新型乡村人才朝着主体资质化、生产专业化、管理标准化方向发展。推动"户转场、场入社、社联合"，引导新型乡村人才开展土地合作、资本合作、资金互助、品牌共享、风险共担，形成农业产业化联合体。充分发挥新型乡村人才在质量兴农、绿色兴农、品牌强农等方面的带动作用，引导新型乡村人才采取订单生产、要素入股、服务带动、聘用就业等方式，将小农户纳入现代农业生产产业体系。

周善红是全国劳动模范，应中华全国总工会邀请到陕西省富平县结对帮扶。富平县以前并没有加工厂，到了花椒采摘旺季的时候就遇上阴雨天，来不及采摘的花椒就烂在地里了。新型乡村人才发挥其带头作用，在周善红的帮助下，当地村民成立了花椒合作社，以"合作社＋农户"的形式，推动当地花椒规模种植，还兴建了一个花椒油厂，对花椒等农产品进行深加工。村民人均收入从 2016 年的 3 500 元提高到 2017 年的 6 300 元。在科学人才的带头下，引导乡村进行农业产业化的发展，促进了农产品有效的资源利用，提升了农民的收入，带动了乡村整体经济实力的增强。在乡村产业振兴的过程中，要坚持农业产业发展与美丽乡村建设相结合。新型乡村人才是农业产业建设主体，同时也是美丽乡村的建设主体，培育新型乡村人才既要体现产业化发展的需要也要兼顾美丽乡村建设的需要，在农业产业和美丽乡村建设过程中要紧密结合共同发力，更好更快地培育新型乡村人才，发挥其主体的带头作用，用正确的理念引领乡村队伍，建设农业产业一体化的联合体。发挥新型主体的带动作用，结合重点县域经济人才工程和乡村党建助贫脱贫的引领工作，对于乡村产业振兴过程中，勇于创业、擅长经营、精于管理、能够带领群众致富的新型乡村人才，要加大培养力度，并让优秀的致富带头人进入乡村的领导班子，使新型乡村人才成为致富带头人，既成为推动乡村发展的土专家，又成为党建引领促脱贫的"领头雁"。习近平总书记认为，乡村振兴要把人力资源开发放在首要位置。培养一支爱农业、懂技术、善经营的新时代新型乡村人才建设队伍，是乡村产业振兴的重要力量，也是乡村振兴的主力军。

五、发挥"三农"工程撬动作用，培育乡村创新创业队伍

如今，虽然中共中央和国务院发布出台了关于支持市民下乡、能人回乡、企业兴乡的政策，但由于存在一些制度性阻碍，导致新型乡村人才进行创新创业的积极性不高，产业化发展的热情并不是很足。结合乡村产业振兴建设、精准扶贫、乡村整体环境整治、产业融合发展、乡村特色产业等重点发展工作，分类分批推进乡村产业振兴项目。研究出台引导和鼓励退休干部、知识分子、工商界人士等返乡下乡的扶持政策，打造一支留得住、带得动的新型乡村人才。建立乡村振兴优惠政策体系，营造良好的自主创业创新环境，吸引农业科研人员、大学生、返乡农民等新型乡村人才开展创新创业活动。落实"放管服"系列改革措施，开展面向新型乡村人才的政策咨询、市场信息等公共服务，做好土地流转、项目选择、科技推广等方面的专业服务。引进科研能力、学习能力较强的新型乡村人才主体返乡下乡创新创业，支持鼓励新型乡村人才发展农产品深加工、乡村电商、旅游休闲乡村、养老康养、农事体验等新产业、新业态。

在乡村产业振兴的过程中，要积极发展自主创业创新的能力。党和国家以及各个乡村要实施公共服务能力优化工程。设立农业乡村社会化服务专项奖补奖金，加快引进培育专业化、市场化服务组织，强化农业生产生活、农产品的加工、营销全产业链社会化服务，支持新型乡村居民自主进行创新创业活动。乡村干部队伍要加强对新型乡村人才的指导与管理，推动形成行业自我管理、自我服务、抱团发展的良好发展态势，鼓励其探索发展"互联网＋"的创新创业服务新模式、新业态。加快打造符合乡村特色农产品的公用品牌，形成集宣传、推介、销售于一体的网络平台，带动新型乡村人才创新创业的"品牌化"发展。从而促进乡村整体经济实力的提高，加快推进乡村产业振兴的进程。培育乡村产业振兴的新型乡村人才，是现阶段乡村产业振兴的关键。乡村人才的振兴，是一项需要系统谋划的重大工程，创新树立乡村人才整体发展观，打破城乡人才流动的区隔和壁

垒，创新人才的认知能力，引进乡村产业化的专业人才，培育一批懂农业、爱农村、爱农民的新型乡村人才，打造一支强大的乡村振兴人才队伍，推动乡村产业化发展的机会，鼓励各类专业人才在乡村中能够大展才能。培养善于致富带富的新型乡村人才队伍。以新型乡村人才为主体的乡村实用人才是广大农民的优秀代表，是带领农民群众增收致富的骨干力量，是推进农业产业现代化建设的主导力量。

第三节　留住乡村产业振兴本土化人才

振兴乡村产业化的发展，需要大量的可用于产业振兴的专业人才。因此，推进乡村产业振兴必须建立稳固的专业人才队伍。激发新型乡村人才创新创业的无限活力，使外部人才因发展机遇而走进乡村，使内部人才因心怀乡情而留在乡村。激励各类多元化人才在广阔的乡村土地上大显身手、施展才华，使新型乡村人才这一"第一资源"开启乡村产业振兴的动力引擎，从而以人才为牵引，塑造乡村新型人才，有效将人才、资金、土地、技术以及产业汇聚起来，形成乡村产业振兴的新时期、新业态。目前，乡村仍然存在人才外流、人才资源匮乏、人才教育匮乏、人才不够稳定等问题，人才仍是制约乡村产业化发展的关键因素之一。在引进乡村专业化人才的同时，也要留住乡村本土化的优秀人才，让更多的青年人感觉无论是去城市还是留在乡村，都一样有广阔的发展机会与发展前景。优秀年轻的乡村本土人才对当地乡村的情况十分熟悉了解，荣誉感和责任感较强，既懂得一定的农业生产知识，也熟悉互联网技术，是新型乡村人才的代表。因此，各乡村要加快培养优秀年轻的乡村本土人才，推动农村产业转型升级，发展新产业、新业态。在乡村产业振兴过程中，能够吸引人才是关键，培育新型乡村人才是首要任务。但是，乡村留住新型乡村人才是核心过程，乡村是否能够留住人才，是振兴乡村产业化的重要基础。江苏省邳州市在引进人才方面做得就很出色，形成了留住人才的软优势。有一位邳州籍的著名半导体专家，多次邀请其回乡都因没有产业基础而回绝。当地领导不甘心、不死心，每年抓住专家清明回乡祭祖的机会，邀请他参观邳州产业发展的点滴变化，阐述发展半导体产业的长远规划。后来，专家终于被感动，决定回家乡创业。引进一个人才，带动一个产业。如今，法国诺贝尔奖获得者阿尔贝·费尔也在邳州建立了工作室，邳州集聚起半导体上下游企业 30 多家。

一、加快培育乡村特色产业，发展乡村经济

乡村要振兴，产业兴旺是关键。在新型乡村人才推进乡村产业振兴的过程中，立足乡村特色产业基础，找准产业发展的机会、定位和方向，推动乡村产业规模化、集约化、产业化，切实培育一批与乡村产业相匹配的新型乡村人才，即一批懂技术、会经营、有文化、爱农民农村、懂农业的新型乡村人才。通过发展乡村产业驱动、龙头带动、城乡联动、培育和壮大乡村特色产业，繁荣发展乡村经济。乡村之所以留不住人才，导致人才大量流失的原因就是乡村没有发展就业的机会，只靠农业生产生活已经满足不了乡村居民的幸福生活。所以，要将乡村产业的本土化人才留在乡村发展，就必须要发展和繁荣乡村经济，使得乡村人才能够在本地找到发展就业机会，寻求发展乡村产业的机会，带动乡村整体经济的发展。另外，新型乡村人才要发展乡村旅游，增强乡村的吸引力。旅游产业关联度强，提供的就业门槛低，为大量无业的乡村农民提供就业机会和发展机会，对于乡村的一二三产业协调发展具有很强的带动能力。随着经济的发展和人们生活质量的不断提高，越来越多的城市居民在节假日中走出城镇，到乡村体验农村田园牧歌式的生活，乡村旅游引来了千载难逢的发展机会。乡村要振兴，旅游产业先行。要立足乡村特色资源和产业基础，围绕"吃、住、行、游、购、娱"等旅游发展要素，因地制宜，加快推进特色乡村的建设，鼓励和吸引更多的城里人到乡村旅游、度假，在乡村投资兴业，繁荣乡村经济的发展。

类似于"农家乐"类型的乡村旅游发展是如今社会的一个热点，发展乡村特色的旅游产业是乡村振兴的必经之路。许多城市居民愿意花钱到农村去感受亲近自然的感觉，体验农家劳作的乐趣；通过自己

亲自动手，感受劳动带来的快乐，体验自给自足的感觉。值得借鉴的是广东省河源市的苏家围，这是苏东坡以前居住过的地方，有着十分淳朴的农家气息和让人心旷神怡的环境，发展乡村体验游对河源市旅游业及繁荣乡村经济都起到很多的推动作用。广东省贫困地区依托得天独厚的生态资源，大力发展自然生态游，不断拓宽旅游线路，丰富旅游项目，开发了以"客家文化""农家文化"为主题的农业生态园区，建设和保护好贫困地区内景区和国家森林公园等。乡村想要发展，必须找到一条特色的产业化道路，通过振兴产业化提升乡村整体的经济实力。

二、加强乡村服务建设，增强乡村的承载能力

城市与乡村之间最大的、显而易见的差距就是基础设施建设和公共服务条件。乡村振兴要留住乡村人才，必须要结合实施乡村振兴战略，不断优化乡村发展布局。对于乡村的管理，要打破村社界限，集中统一规划、合理布局和规划乡村土地资源，通过整合乡村危房旧房改造资金、改电改炕资金等，发挥政府资金的带动作用，鼓励有条件、有才能的村民集中连片建设高标准农宅，实现由分散居住向适度集中居住的转变，并统一配套完善水、电、暖、气等公共服务设施，加快乡村道路、照明、通信、文体娱乐等设施建设，加大乡村环境整治和绿化美化工作力度，持续改善乡村居住环境。另外，要深入推进教育卫生体制改革，积极探索教育事业和医联体模式，合理布局乡村教育、医疗卫生资源，加快发展乡村养老事业，不断提高乡村公共服务水平，缩小与城市之间的差距。通过增强乡村基础设施建设和提高公共服务能力，从乡村的生活环境上吸引本土化人才留在乡村；教育事业的完善，使得乡村内部人才不需到城市求学，解决家里儿童的上学难问题；医疗设施的完善，解决乡村村民看病难、治病难的问题；乡村道路交通条件设施的完善，使得乡村联系外界变得简单，乡村整体生活环境得以改善，在增强乡村吸引力的同时，也留住那些追求更高生活水平的乡村村民。乡村要留住人才，必须要营造有利于人才成长的良好环境，环境好，则人才聚、事业兴；环境不好，则人才散、

事业衰。要结合乡村振兴战略的需求和新型乡村人才自身发展的需要，着力加强人才服务，确保人才引得进、留得住、流得动、用得好。要弘扬劳模精神，加大农业农村产业人才遴选资助和表彰奖励力度，树立先进典型，传播重视农业、尊重人才的正能量。要坚持"干说并重"，充分利用各种资源、各种党和国家实施的人才扶持政策，在全社会营造识才爱才、敬才用才的良好环境和氛围。

全国人大代表及江苏省镇江市丹徒区世业镇副镇长、先锋村党总书记聂永平说："农民富裕、村级经济保持持续增长、村庄环境美丽，这样的乡村才能真正振兴，才会留住优秀的乡村建设人才。"聂永平所在的先锋村曾是镇江市有名的贫困村，村里有一条长达 1 100 米的排涝河。以前，河上有很多包括猪圈、鸡窝在内的违章建筑物。为了清理整治河道，聂永平召集全体党员干部，挨家挨户做村民的思想工作，拆除了河道上的违章建筑物。环境变好了，先锋村进一步引进了两个高效农业项目。如今，农民流转土地有租金拿，到乡村农业园内打工还有工资拿，村里资产也扩大到现在的超百万元。道路宽敞、村庄整洁、农民富裕，先锋村发生了天翻地覆的变化。先锋村一组还入选了 2017 年由江苏省确定的首批 45 个特色田园乡村。良好的发展环境才能留住乡村本土化人才。相较于城市空间而言，乡村发展机会较少，人才没有用武之地，因此乡村人才通常是"走出去"。农民这种职业并不被社会公众认可，城市健全的公共设施、完善的服务条件以及发展就业机会都使得乡村人才流失严重。因此，推进乡村振兴要实现农业农村的优先发展，才能尽快缩减城乡差距，为乡村留住人才创造良好的发展环境，使人才因乡村发展前景与机遇，关注乡村、留在乡村。党和国家在振兴乡村产业的过程中，要营造新型乡村人才发展的良好环境。尊重广大新型乡村人才的首创精神，注重及时总结与推广优秀新型乡村人才科技致富、带领群众致富等方面涌现出来的先进典型，通过报刊、电视、网络等多种媒体宣传报道；在乡村全方位开展新型乡村人才优惠政策宣传，在全社会努力营造关心和支持新型乡村人才发展的良好氛围，引导和鼓励城乡方面人才深入乡村基层工作，为推进乡村产业的各项工作作出积极贡献。同时，党和国家要加大对新型乡村人才的投入经费，地方财政每年要安排专项资金，确保建设乡村人才的培训、奖励、职称评审、项目支持及管理服务等各项工作有序开展；拓展融资渠道，鼓励和支持社会资本与民间资本进入乡村产业振兴项目，建立健全多元化投入机制，强化资金保障，为新型乡村人才振兴乡村产业提供资金的保障，鼓励其进行自主创新、创业活动，改变乡村的落后面貌，促进乡村经济的持续健康发展，带动乡村经济的整体实力的增强。

三、国家出台振兴乡村的扶持政策，提供乡村人才发展机遇

乡村要振兴，人才是关键。为了吸引和培育新型乡村人才，党和国家出台了一系列人才扶持政策。实施"万人计划"，挖掘潜在乡村人才。党和国家重金吸引在外创业的乡村成功人士和优秀青年回乡创业，让更多的本土化青年人才扎根于乡村，尤其注重金融、财政、用地、税费等方面的金融服务环境。在全县范围内，选拔优秀的乡村致富带头人、技术能人等并下派到各乡镇、村开展乡村产业振兴工作；实施"领雁头工程"，培养人才；积极培育新型乡村内部人才，以农业经营带头人、家庭农村、农民合作社、农业产业等为重点，由职业学校、农村广播站、党校等部门分类型、分层次开展新型乡村内部人才的培育，组织开展有针对性的产业技术、创业技能培训活动，并颁发技能资格证书。乡村积极与高校进行合作，定期指派乡村内部人才到高校进行培训，提高人才技能。在乡村实施税费优惠政策、项目支持、金融支持等扶持政策，对在乡村进行产业振兴的人才给予一定期限的税费减免；对在乡村发展特色产业、种植业以及农业生产的人才给予项目支持，引导其与旅游观光相结合的方向发展，促使乡村产业做大做强。另外，鼓励和支持金融机构探索创新土地流转收益保证贷款、林权抵押贷款、乡村房屋抵押贷款等农民工创业金融产品和金融服务；商业银行提供有针对性的信贷服务，以满足乡村人才进行创业的多样化需求。通过党和国家实施的这些措施，提供给乡村产业振兴人才自主创新创业贷款支持，以创造提供大量的就业创业机会，以留

住乡村本土化人才。

在乡村产业振兴过程中，需依靠政策留住人才。各地应增强人才包容性，秉持欢迎人才、信赖人才、精选人才的原则，以更加优惠、具有吸引力的政策条件增强人才的"黏性"，搭建成熟、健全、共建共治共享的人才机制，改进和优化乡村人才引进专项机制，在引进人才、留住人才等相关的创业扶持、特殊补贴、住房医疗、子女教育以及配偶就业等方面加大政策倾斜，提供定期进修学习的机会，选派优秀人才外出留学深造，扎实做好人才引进的"筑巢引凤"工作；使社会公众关注乡村产业振兴，努力参与推动乡村发展的进程，在乡村广阔的天地实现自身的价值。党和国家加大了对乡村人才的培养与引进力度，建立健全乡村振兴人才制度，提供政策优惠，引进乡村急需的专业产业化振兴人才；做好"筑巢引凤"的工作，创造条件，吸引、留住更多的本土、乡村人才参与乡村产业化建设发展。乡村应落实人才引进专项编制，出台人才引进特殊补贴、创业支持等优惠政策，完善乡村地区的住房、医疗、子女就学等配套服务建设，增强乡村吸引力。同时，乡村应加大乡村人才培养力度，强化乡村领头人培训，实施乡村素质提升工程，全面激发广大乡村地区人才的活力与创造力，为实现乡村振兴提供保障。各个乡村要加强新型乡村人才的培训师资力量，选聘各类农业生产科技专家，建立健全地区农业培训专家库，专门开展对新型乡村人才的产业培训和岗位培训。通过培训乡村人才，增强专业人才的技能，提升农业生产生活的质量，在乡村产业振兴的过程中为人才提供广阔的发展前景和空间。制订外派乡村内部优秀人才培训计划，选派精英力量再学习再深造，提高其综合素质和经营管理水平；依托乡村党员干部现代远程教育网络开展各类培训，推广应用农业产业科学技术和实用技能，培养符合振兴乡村产业的人才。这些新型乡村人才应该积极主动获得党和国家的帮助，利用人才扶持政策，进行自主创新、自主创业，搞活乡村经济，促进乡村经济持续健康的发展，带动乡村经济成为推动国家经济以及综合实力的重要力量，缩小与城市之间的差距，提升乡村居民的生活幸福度。

四、利用乡村情留住乡村本土化人才

乡村振兴需要用心用情留住人才，人才在产业振兴中的作用不言而喻。中国是一个有着几千年辉煌农耕文明历史的国家，绝大多数人的血管里流淌的是农民的血液，几乎每个人都有乡村情结。在振兴乡村产业的过程中，要积极倡导古人"告老还乡""落叶归根"的回归意识，制定和出台鼓励支持政策，动员从乡村走出去的人，回归乡村振兴建设，反哺乡村，带动乡村经济和文化的繁荣发展；要鼓励激励乡村外出务工经商人员"衣锦还乡"，返乡创业，带动乡村经济发展，对这些能人中的优秀分子，可以吸纳到村委班子中，带领群众一起致富。乡村孕育农耕文明，农耕文明孕育中华文明，是中华文化的根。守住美丽乡村，就守住了我们的精神家园；守住乡村内部人才，就守住了中国人的饭碗。培育新型乡村人才，留住乡村本土化产业振兴人才，是一项基础性、战略性工程，任重而道远，需要全社会共同关注、共同努力。党和政府在推行乡村振兴人才扶持政策的过程中，要用真心呼唤人才，建设美好乡村环境，提升乡村的基础设施条件以及公共服务能力，加大乡村振兴建设的宣传力度，注重建设乡风文化、生态文明，依靠人才与广大乡村地区之间的感情呼唤人才、吸引人才，并且打造一支懂农业、爱农村、爱农民、懂经营、会技术、有文化的新型乡村人才队伍建设，真正实现乡村经济的持续健康发展，以产业化带动乡村经济建设，以改变落后的乡村产业面貌，促进乡村整体经济实力的增强。

乡村振兴，产业先行。百业兴旺是乡村经济持续健康发展的必然要求。所以，对于乡村人才的"引、育、留"的问题，必须要高度集中重视。在乡村产业振兴的过程中，要吸引新型乡村人才下乡返乡进行产业振兴，自主创新、自主创业，寻求乡村产业发展的机会，改革创新落后的乡村产业，建立乡村特色化产业集群，给乡村居民带来大量的就业发展机会以及广阔的发展空间，用科学技术指导乡村居民进行农业农村生产生活，改变乡村封闭守旧的落后面貌，引进新技术、新理念等为乡村产业化建设"输血、造血"。例如，李娜自 2006 年投入返乡热潮，自主创业，成立了黑龙江省鑫赢禽业有限公司，注册资金 500 万元。2017 年，她成立了桦南县祥宝大鹅养殖专业合作社，创新养殖模式，自主培育出主食玉米秸秆的新品种"鑫赢玉米鹅"。她通过采取"公司＋合作社＋农户"的经营模式，建立起 22 家合作社、44 个养殖场、300 个养殖户组成的联合体，带动了企业及周边农户增收致富。2018 年，养鹅 150 万只，并实现了 200 万枚种蛋的销售业绩。目前，公司存栏玉米鹅种鹅 2 万只，大鹅产业在当地远近闻名。李娜从事养殖行业 10 多年，曾尝试养殖很多品种的鹅，但都因成本无法降低，导致无法形成规模。2013 年，发现养殖东北白鹅 120 天都达不到 7 斤*，每只鹅投资是 42.5 元，利润不到 3 元，养殖户的积极性得不到充分调动；2014 年，组织养殖户换品种，养殖现在市场最出名的三花鹅，但因为三花鹅的体型太大、太肥，成本要高达 56.8 元，一只鹅赚不到 4 元，这个鹅品种的养殖再一次宣告失败；2015 年，所有养殖户在一起研究，找出路，如何才能减少成本以增加利润。经过市场调研，发现企业所在的地区玉米种植面积大，使得养殖户们有了培育适合黑龙江气候和饲料条件的大鹅品种的想法。有着多年养殖经验的李娜清楚地知道，鹅喜欢青草更喜欢玉米秸秆，可以把鹅放到玉米地里养，从而降低饲料成本。2016 年，李娜和养殖户们成立了致富养殖基地，从繁育种鹅开始着手准备，她们邀请黑龙江省农业科学院刘国军教授作为首席专家，采用皖西白鹅与东北白鹅杂交培育的大鹅新品种，并将其命名为鑫赢玉米鹅，于 2018 年 9 月申请了国家专利，有效降低了企业及周边养鹅农户的生产成本，实现了品种跨越。2018 年，李娜带领的团队采取"公司＋合作社＋农户"模式，以诚信、共赢为发展理念，以合作社养殖为基础，以培育的大鹅新品种鑫赢玉米鹅为主要品牌，发展大鹅产业；由 22 家合作社、44 个养殖场、300 个养殖户组成（其中贫困户 150 户）。公司实行统一购种、统一防疫、统一管理、统一加工、统一销售、统一品牌的"六个统一"模式经营。研发的新品种鑫赢玉米鹅实现了两个突破：

---

* 斤为非法定计量单位，1 斤＝500 克。

一是杂交品种技术突破；二是养殖时间 75～90 天，实现了在中国高纬度地区，养殖两茬肉鹅的技术突破。鑫赢玉米鹅与其他品种大鹅相比，具有养殖范围广、生长周期短、肉品质好、抗病能力强、养殖成本低等优点。

　　除了乡村产业振兴引进人才之外，也要相应地培育新型乡村内部人才，提升乡村内部人才的知识素养以及外在的知识学习能力，增强自身的创新、创业能力，为乡村产业化的发展贡献出自身的强大力量。2007 年，南京农业大学和江苏省连云港市赣榆区联合举办了为期 6 天的"百名村干部走进南农大"专题培训班，赣榆区近百名村干部被请到南京，学习发展农村经济的业务知识。该培训班的成员来自赣榆区 18 个乡镇党委的组织委员、农技中心主任、优秀村党支部书记，以及县新农村办公室、县科协、县农林局分管领导等。此次培训班的内容实用性很强，安排博士生导师与教授传授建设社会主义新农村、现代农业、乡村旅游与观光农业、农村合作组织与产业化等内容，还安排了溧水考察、参观傅家边农业科技园等。培养乡村内部人才成为一支懂经营、会技术、有文化的新型乡村建设人才队伍。新型乡村人才的培养永无止境，培育新型乡村人才的工作要扎扎实实地进行，坚持不懈，久久为功。乡村新型人才是促进乡村农业农村经济持续发展的中坚力量，重视新型乡村人才的培养就是重视乡村农业产业的未来，对新型乡村人才进行投资就是对乡村产业振兴进行投资。随着全国杰出人才资助项目的深入实施，定将激励大批符合时代要求、具有引领和带动作用的新型乡村人才在乡村振兴战略中发挥示范带头作用。最后，要重视新型乡村人才留下来问题，乡村不仅要能够吸引来优秀的人才，而且还要能够留下优秀的新型乡村人才，这样才能为振兴乡村产业化发展提供强大的应援力量。党和国家以及各个乡村都要推行实施新型乡村人才的扶持政策，在金融、财政、社会生活、乡村基础设施建设条件等方面，制定相关的人才扶持政策，鼓励新型乡村人才积极发挥出自身的力量，积极发展乡村产业化。乡村能够引进人才、培育人才、留住人才，那么振兴乡村则指日可待。

第三章
乡村产业振兴需要什么样的
新型乡村人才

第一节　农业增产的主力军

一、乡村振兴需要什么样的人才

乡村兴，则国家兴。乡村振兴，离不开人才的支撑，乡村振兴的必备条件是人力与人才。随着城镇化发展的加快，农村越来越多的青年背井离乡去往发展机会较大的城市，导致乡村缺少人才，乡村振兴举步维艰。农村强不强关键看产业，产业是乡村振兴的基础，乡村振兴要想农业强，急需大批乡村产业、创新创业、农业科技、经营管理等人才，依靠人才解决优质高端农产品的供给能力严重不足、产业大而不强、产品多而不优、品牌杂而不亮，以及农产品加工业科技含量不够高和规模不够大等问题；农村富不富，关键看支部，基层党建工作者、乡村帮扶干部，特别是乡村基层党组织负责人、带领村民增收致富的带头人等也是乡村急需的人才。那么，乡村振兴具体需要什么人才呢？

（一）领导型人才

2019 年 1 月，中央印发了《中国共产党农村基层组织工作条例》，体现了中央将基层党组织作为"三农"工作的着力点并加强农村基层党组织建设的思想。2020 年，中央 1 号文件也把全面加强农村基层党组织建设放在更加突出位置，对加强农村党组织的具体要求、重点工作措施作出了部署：突出坚持农业农村优先发展的政策导向，落实在干部配备上优先考虑。优先考虑干部配备，正是对准农村发展中所需要的领导型人才而制定的大好政策。

所谓领导人才，就是富有开拓精神、改革精神的仁人志士。他们胸怀宽广、知识渊博、思维敏捷、洞察力强、善于判断、敢于拍板。乡党委书记、乡长、县委书记、县长、地委书记等作为小全局、中全局的带头人，责任和作用都十分重大。尤其是县一级的领导，更具有关键性。随着我国商品经济大发展，竞争势必愈来愈激烈，不仅各乡镇之间、各企业部门之间、各县各地区之间有竞争，省与省之间也有竞争。竞争是客观规律，有竞争才能发展。在竞争中要立于不败之地，就一定要有一个反应灵敏、足智多谋、获得信息快、勇于创新的开拓班子。一个企业、一个部门、一个乡镇、一个县、一个地区，如果在竞争中长期无创造，总跟在别人后面爬行、跟风模仿，那一定会落后。

目前，我国农村的村干部由于文化程度不高，又没有经过系统培训，造成很多村干部不知道如何才能改变现状，只是当作一份工作而已。而我国现在农村现状，是急需要一个"领头人"带领大家致富。所以，基层村干部应该多学习和借鉴现代企业的管理，成为农村致富的"领头人"，只有这样，农民才可能重返家园，真正与家人相聚。

（二）专业技术型人才

目前，我国农民的文化程度和受教育年限普遍偏低。据农业农村部统计资料显示，在我国有4.9亿农村劳动力；而中国社会科学院社会学研究所在2015年6~10月的一项调查中，显示我国农村人口中初中以下文化程度的占大多数，比例达到82.9%，其中未上过学的比例为15.7%，接受过系统农业职业技术教育的不足5%。农民素质相对偏低，已经成为发展现代农业的主要障碍。因此，农村急需的科技型人才，是农村致富的先行者，是农村建设的先进人物，起着科技"孵化器"的作用。他们本身就是农民，易与当地农民融为一体，容易带领当地农民转变观念，掌握先进技术，找到致富门路，促进当地农民增加收入，提高生活水平。

专业技术型人才包括工程师、农艺师、畜牧师、兽医师、经济师、统计师等。现在，很多农民开始树立科学致富的新观念，他们不仅勤劳，而且勤学、勤思，依靠科技增强竞争实力，保持发展后劲。一些农民不惜重金聘用科技人员，或举办各种技术培训班。因为他们从实践中体会到：要提高农业生产力；要培养新的物种或品种，大幅度增加粮食和扩大食物来源；要利用再生能源；要进行无废物循环，避免环境污染等就得靠推动技术进步的工程师、农艺师、畜牧师、兽医师等专家提供技术指导。

（三）管理型人才

在乡村振兴的过程中，需要处理大量新产生问题，需要协调各方面的关系和利益，需要充分利用当今科学文化知识对现代农业、农村进行教育和管理。长期以来，绝大多数村干部均由本村产生，由于农村干部的文化素质偏低，不可能摆脱小农意识和传统习惯势力的影响，思想境界、思维方式很难超越自身所处的社会环境。他们可能对当地人文知识较为了解，在当地有一定的威望，但与当前乡村振兴的紧迫任务和农民发家致富的强烈愿望不相适应。乡村振兴在各级政府的推动下，中央每年都有大量资金支持乡村振兴。一些乡镇往往也有一些好的想法，却很难给出较为出色的项目申报材料。因此，乡村振兴急需具有较高素质、较高文化水平的管理队伍。他们首先要具备吃苦精神，扎根农村，服务广大农村；还要充分挖掘农村科技人才，组织科技人才带领大家发展种植业，扩大加工业，搞活农副业，增加农民收入，提高农民生活水平。

此外，我国农村经济结构从封闭型的自然经济，转到"农工商"，又从"农工商"转到"贸工农"，逐步建立起外向型、开放式的农村经济结构。农村劳动力、资源、资金、技术的不断流动并重新组合，将逐步形成一二三产业协调发展的新型农业格局。这种大趋势表明：农业向集约化、多样化发展，向高投入、高产值、高效益迈进。将来，会出现农田、林场、鱼塘等逐步向能手集中，而且农作物布局将根据市场和外贸需求来安排，出现与加工业相结合、同旅游业相配套的新情况，也就是目前提倡的三产融合。要适应这些新情况，农民必须既是生产者，又是经营者；他们不仅要懂得科学技术，又要懂经营管理，做到有胆有识、勇于创新、勤于实践，即俗话说的具有"成家立业"的思想和本领，也就是所谓的"管理型"农民人才。这样的人才是"生产-经营型"或"技术-管理型"人才，既能从业，又能立业、成业和创业。2017 年，重庆市开州区的涂家耀带着资金、技术和产业返乡创业，成为返乡创业人才中的一员。涂家耀，1997 年远赴东南沿海务工，后来创办了一家科技公司。在公司获得国家高新技术企业称号后，他决定返乡创业，如今已经成功打造了 3 项高新技术产品。返乡创业近年成为热潮，开州区已有 8.2 万人返乡创业，返乡创业实体达 33 230 户，总投资达 309 亿元。返乡创业人员创办的经济实体，对开州区的区域经济贡献率超过 50%，成为推动开州发展的重要力量。

（四）创新型人才

创新型人才指富有开拓性、具有创造能力、能开创新局面、能对社会发展作出创造性贡献的人才。通常表现出灵活、开放、好奇的个性，具有精力充沛、坚持不懈、注意力集中、想象力丰富以及富于冒险精神等特征。创新型人才是理念创新、制度创新、技术创新、组织创新的重要载体，是推动乡村经济发展的重要生产要素和非物质资本。在推动乡村经济发展的过程中，需要不断调整农村经济结构，农村中的土地、劳力、资本和资源要逐步向少量的能人聚集，促使资源的整合优化，促进农户和小农经济向规模经济、商品经济、市场经济演化。这有赖于一批具备经济理念的创业型人才主导农村经济结构的调整，整合利用资源，发明新技术、生产新产品、发现新材料、开创新的组织形式、开拓新市场等，大胆改造传统的乡村生产作业模式，大力实践推进乡村经济的发展。2008 年，郑福源大学毕业后，加入了江苏省第二批大学生"村官"队伍，来到扬州仪征市路南村作村支部书记助理。5 年来，他带领村民先后创办了食用菌生产厂，开展了蔬菜大棚种植，发展高效农业，引领农民过上了小康生活。为了帮助村民掌握更多的蔬菜种植技巧，郑福源常常请来仪征市农业委员会的专家给予指导，并到书店买来书籍、在网上下载视频供村民学习，还常常在大棚内开起经验交流会。在他的带动下，老王等种植户每天都看农经节目，还学会了用地膜种菜。郑福源说："自己的人生价值得到了实现。"

（五）法律型人才

在乡村振兴过程中，需要通过一系列的法律制度、机制来保障农民的合法权益。农民文化素质偏低，法律意识淡薄，容易发生违法行为；同时，自身受到伤害时，也缺乏利用法律保障自身权利的意识。所以，农村要建立综合性农业体系，除了要按经济规律办事外，还应运用法律手段来进行管理。要以法治业，只有按法律办事、靠立法取信，才能更好地解决问题；而法律知识的普及运用少不了法律型人才。

随着乡村振兴的推进，征用土地的费用补偿、房屋拆迁、宅基地划分、生活保障、农民外出务工发生的身体伤害、村庄环境的污染等一系列问题困扰着农民，而农村缺乏真正懂得法律的人士为农民去排忧解难。少数律师对个别农民工的法律援助现象只是杯水车薪。要真正解决农村的法律问题，需为乡村配备法律人才，如聘用法律专业的大学生到乡村任职，也可考虑聘用律师事务所的律师作为法律顾问。他们在维护和保障农民合法权益的同时，更能够普及法律知识，使农民知法守法，减少人身伤害事件的发生，推进农村文化建设的进程。

（六）信息技术型人才

我国农村正处在一个大变革中，这个大变革的趋势，预示"以智取胜"是农村发展的本质和核心。我们不但要注意自然资源的掘取，更要重视人才资源的发掘和利用；不仅要抓"硬件"，即物质资料生产的经济指标，更要过问"软件"生产，即智力开发的预测与规划。因为材料科学、能量科学和信息科学已成为现代科学技术的三大支柱。人、物及信息的大量交换程度已经成为衡量一个社会体系有没有生命力、应变能力和克服危机能力的标尺。从我国农业的整个体系上看，农业生产各个环节的信息整理、分类以及信息的应用，这三个环节还有许多工作要做，还有非常多的薄弱环节。因而，对农业信息的收集、整理和分类方面的人才需求，就显得更加迫切。而且，随着

5G 时代的到来，农业整体会进行产业升级，在 5G 的强大支撑下，种植技术趋于智能化、种植过程公开化、农业管理智能化、农业生产数据化等，这些技术应用过程中需要信息技术型人才对日常数据进行收集、整理、总结等。

二、新型乡村人才的发展前景与就业机会

《乡村振兴战略规划（2018—2022 年）》中第三十二章"强化乡村振兴人才支撑"里提出了三点关于培育农村人才的规划：

一是要培育高素质农民。2014 年，教育部办公厅、农业部办公厅联合印发了《中等职业学校新型职业农民培养方案试行》（以下简称《培养方案》）。我国计划培养高素质农民，并积极推动国家建立出资购买农民学习成果的公益性经费补偿制度。这将是中国历史上首次出现由政府推动一线务农农民接受正规学历教育，其影响巨大、意义深远。全面建立高素质农民制度，培养新一代爱农业、懂技术、善经营的高素质农民，优化农业从业者结构等。

二是鼓励社会人才投身乡村建设，建立健全激励机制，研究、制定、完善相关政策措施和管理办法，鼓励社会人才投身乡村建设。以乡情乡愁为纽带，引导和支持企业家、党政干部、专家学者、医生教师、规划师、建筑师、律师、技能人才等，通过下乡担任志愿者、投资兴业、行医办学、捐资捐物、法律服务等方式服务乡村振兴事业，允许符合要求的公职人员回乡任职等。

三是加强农村专业人才队伍建设，加大"三农"领域实用专业人才力度，提高农村专业人才服务保障能力。加强农技推广人才队伍建设，探索公益性和经营性农技推广融合发展机制，允许农技人员通过提供增值服务合理取酬，全面实施农技推广服务特聘计划。加强涉农院校和学科专业建设，大力培育农业科技、科普人才，深入实施农业科研杰出人才计划和杰出青年农业科学家项目，深化农业系列职称制度改革等。

实际上，在乡村振兴的大背景下，大学生"村官"、乡村艺术家、乡村规划师、农村电商从业人员、农业专业技术人员等职业都展现出

了巨大的发展潜力。另外，在政策鼓励三产融合的大背景下，农村的传统产业也会迎来巨大的发展机会，将会吸纳越来越多的仁人志士投入乡村建设中去。未来，新型乡村人才越来越需要以知识、技能作为发展的支撑，结合由实践得来的经验，领导或推动一个地区的农业发展。例如，大学生"村官"可能会培养出一批领导型人才；农村电商、乡村旅游将会吸纳众多人才回归乡村，推动众多农村地区共同致富；三产融合也会吸纳一批技术人员、管理人员、研发人员等投身到乡村建设。尤其是随着我国城镇化率的提高，我国农村劳动力转移速度也出现了新变化，即农村劳动力向城市转移的速度逐渐放缓，返乡创业人员逐渐增加。乡村旅游业作为新型农业的重要组成部分，对农村劳动力就业有着重要的影响。乡村旅游业能够进一步拓宽农民的增收渠道，有效提高农民收入，缩小城乡收入和生活差距。同时，乡村旅游业以资源和市场为导向，不仅能够促进乡村旅游业规模化、集约化发展，而且也有助于农民脱贫，解决区域性贫困问题。相较于从事农业生产和外出打工，乡村旅游业不仅能够实现农民就业"离土不离乡"，在提高农民获得感、增进农民就业保障方面也有着显著的优势，对于乡村振兴具有重要意义。乡村旅游业除了需要一些劳动力来处理基本事务之外，也能够提供一部分中层管理岗位，能够为农村劳动力提供晋升空间，就像在旅店餐馆中，有不需要专业技能的基层服务岗位，也有从事日常管理经营的中层职位。

可见，在国家政策的大力支持下，新型乡村人才的发展前景越来越好，就业机会也会越来越多。

第二节 科技"展翅"的智囊团

一、乡村人才如何在科技服务领域大展拳脚

（一）领导型人才

领导型人才如何在科技服务领域发挥作用呢？首先，对基层干部来说，应该依照有关乡村发展的大政方针进行具体的工作安排，结合地方农业经济发展实际需求和政务工作的具体落实情况进行政策的部

署与安排。在相关农业政策方针的指引下，对于实际的执行方式作出灵活的部署和调整，把政策方面的指示转变为符合地方特色的执行制度，从而带动地方乡村经济发展。例如，在推动地方农村三产融合时，就要结合当地的情况，根据农产品的产品种类、加工业的发展情况以及服务业的发展水平等情况进行总体布局。此外，基层干部在政策执行方面应该具有明确的战略意图，把握好控制全局的领导执行方针。基层领导干部制订大政方针的细节化实施方案时，要将任务执行做细做实。对于政策的执行应该埋头实干，不能弄虚作假，做细做实是基层领导干部工作的重要执行标准。

俗话说："火车跑得快，全靠车头带。"基层领导干部在工作中，应该对整体的战略部署和推进保持良好的攻坚克难意识。基层领导团队水平在很大程度上，决定了基层领导组织的战斗力和工作能力。同时，基层领导在工作中要讲究智慧，不能靠耍小聪明来做面子工程，做事应该实事求是；对于领导团队和班子作出的制度决策，应该通过科学的战略安排来进行检验。在目标的制定方面不能好高骛远，也不能缩手缩脚，既要把握全局、运筹帷幄，同时又要关心好细节方面的安排和工作部署。

地方政府带动农村发展的案例：为加强村干部队伍建设，充分发挥村干部在脱贫致富中的示范引领作用，湖北省十堰市竹溪县出台支持村干部创业的"1331"计划。自2016年起，该县每年支持100名左右的村干部创业，连续3年共支持300名以上的村干部创业致富，创办各类产业化经营实体300家（个）以上，辐射带动10 000名困难群众致富。

为促进计划顺利实施，该县不断加大村干部创业资金支持力度，协调竹溪县农商银行等金融机构为村干部创业开辟"绿色通道"，县财政每年统筹100万元资金作为贷款贴息，定向发放村干部创业贷款资金2 000万元；加大培训指导力度，实施创业项目指导推荐，编制创业项目库，定期开展下乡"送学"、组织"集中学"和对外"交流学"，多渠道提高村干部创业本领，增强村干部产业发展技能；优化创业服务，联合相关部门组建村干部创业服务团，定期深入乡镇、村开展服务指导，对选定创业项目的村干部，逐一明确责任人，提供"保姆式"服务。同时，保持市场渠道畅通，时刻关注市场信息，帮助规避市场风险。

截至 2017 年，竹溪县累计为 185 名村干部发放贷款 1 665 万元，新建项目 204 个。

（二）专业技术型人才

首先，专业技术型人才在工作中要切实考察和调研当地情况，根据各地实际的情况，进行农业种植上的选择；再通过技术上的支持，实行新方式的种植和新的农业发展计划；带动一批人先做起来，达到理想效果之后进行大面积的推广。同时，采用这种有目共睹的方式，也达到了更为有效地推广和应用。其次，通过政府的扶持和乡镇企业的支持，解决资金问题。目前，中央支持农业技术的应用与推广，国务院印发的《关于推进农业高新技术产业示范区建设发展的指导意见》中提出：中央财政通过现有资金和政策渠道，支持公共服务平台建设、农业高新技术企业孵化、成果转移转化等，推动农业高新技术产业发展。各地要按规定统筹支持农业科技研发推广的相关资金并向示范区集聚，采取多种形式支持农业高新技术产业发展。在政策支持下，专业技术型人才一定要结合当地的地方政策，申请政策上的资金支持，确保在设备和技术的使用上，有一定的资金保障，从而取得良好的效果；也让农民不需去担心这种现代化设备的运用是否需要付出高额代价，得到农民的初步信任。最后，在技术的推广和应用上，要根据农村中出现的问题进行调整，高素质的人才和科研人员需要进行实地调研，采取新式方案对乡村建设以及农业生产进行改造。

（三）管理型人才

管理型人才在一线城市中也是比较紧缺的人才。那么，管理型人才怎么服务于乡村建设？管理型人才需要在大局上把控一个地区或农业生产组织的发展。农业生产什么、怎么生产、加工什么样的附属产品等都需要管理人才根据实际情况统筹把控。目前，政策大力支持农村创新创业，管理人才带领农民走上这条道路，既能享受政策给的资金、技术等支持，又能低风险地经营谋取更高的利润。

(四) 创新型人才

目前，政策倡导大众创业、万众创新，鼓励人才返乡创业，并在诸多农业项目上给予补贴。创新型人才要在大好的环境下迎头而上，提高创业意识、增强创业能力，充分利用国家政策，获取政策支持，聚集土地、劳力、资本和资源，促使资源的整合优化。同时，创业型人才也要持续学习，学习新技能、新思想、新模式，结合乡村特色进行创新，带领乡村致富。

(五) 法律型人才

法律型人才可以通过做顾问的方式给地方政府或农业生产组织提供帮助。在工作中，法律型人才要提前了解一些农村法律问题，如征用土地的费用补偿、房屋拆迁、宅基地划分、生活保障、农民外出务工发生的身体伤害、村庄环境的污染等，以免到农村进行指导时水土不服。法律型人才一般到农村工作的意愿比较弱，适当地采用兼职的方式作为短期或者长期的顾问是一种可以尝试的方法，可以灵活地与地方政府或者生产组织达成合作；对于报酬可采取股权分配或者现金结算，甚至可以结合地方农产品以实物作为长期报酬等方式。法律型人才只有在这样的前提下才能更好地服务乡村建设。

(六) 信息技术型人才

对信息的收集、整理和分类，需要新型互联网、物联网农业技术的应用等方面的人才，大型农业生产组织如农场、大型合作社等需求十分迫切。信息技术型人才可以迎着这个趋势，到先进的农业生产组织工作，参与农业生产数据的收集、整理、总结等工作，帮生产组织解决一些互联网使用上的障碍，助力先进技术的使用等。在这样的农业生产组织中，信息技术型人才能够获得较好的发展机会，大展身手。

另外，正打造的现代农业产业园将会应用集展示、监测、预警、控制、管理等多功能于一体的综合物联网服务。其中，大田种植、设施园艺、畜禽养殖、水产养殖都会用上物联网系统，实现智能节水灌溉、精准施肥、饲料精准投放等精准化作业；在农业装备智能化改造中，要用到先进适用的传感器、采集器、控制器和导航设备；林业装备智能化改造中，要实现在森林防火火险预警、火灾监控、扑火指挥等方面的智能探测、自动判读、辅助决策；养殖场环境智能监控系统中，挤奶、饲喂、清理等养殖作业机器人的运用。这些技术的应用都需要信息技术型人才大展身手。

二、"土专家""田保姆""飞手"是如何养成的

2019年1月24日，《国务院关于印发国家职业教育改革实施方案的通知》(国发〔2019〕4号)下发。文件中明确指出：积极招收初高中毕业未升学学生、退役军人、退役运动员、下岗职工、返乡农民工等接受中等职业教育，服务乡村振兴战略，为广大农村培养以新型职业农民为主体的农村实用人才。在2019年全国两会上更是提出了"改革完善高职院校考试招生办法，鼓励更多应届高中毕业生和退役军人、下岗职工、农民工等报考，2019年大规模扩招100万人"。由此可见，国家已将职业教育明确定位在培养实用型、技能型人才的领域。各高职院校必须以此为标准，根据自身优势培养人才，体现办学特色。在政策的支持下，职业教育会吸纳大量的农村劳动力，造就大量的高素质农民。那么，培养农村的"土专家""田保姆""飞手"等新型人才，具体要怎么做呢？

(一)政府支持，定向招生，订单培养，回乡服务

各高职院校要结合地域特点，深入周边村镇调研，看乡村的发展进步需要什么专业，就办什么专业，就设置什么课程，就聘请什么师资。按照"实际、实效、实用"的原则，对现有的专业结构进行适应性调整，推动课程改革，突出能力培养，坚持办学围着乡村发展转，专业围着乡村需求转，人才培养围着实用实践转。国家和各级地方政府可提供必需的政策和资金支持，参照免费师范生、乡村医师等招生培养模式，采取联合培养、定向培养、订单培养等方式，让学生从入校起就树立服务家乡、建设家乡的理念，真正造就一批适销对路的人才。

(二)技术人才专项培训

开展以高职院校为主导的各类培训，加大人力资源开发力度。有

研究表明，农村实用人才开发培训项目对农民提高农业经营效率有显著的影响，也会对周围农民产生明显示范带动效应。作为培养实用技能型人才的高职院校，全日制教育并不是唯一的人才培养方式，实施"农民知识化工程"和"农村劳动力转移阳光工程"，依托职业学校、农民夜校、电教网络等阵地，开展各种实用技术培训。同时，由农、林、水、旅游等部门牵头，每年邀请有关科研单位或高校专家给乡土人才讲课，提高理论水平。例如，举办果树保花保果、烟叶烤制、水产养殖、蔬菜种植等技术培训班，开展实践技术培训，促进操作技能提高；组织乡土人才到农场、技能交流会、工厂等实践基地进行现场技术交流，开阔视野，提高发展技能等。这样有利于在短期内培养技能，也应成为高职院校办学的重要组成部分。各高职院校的学科优势和办学特色不尽相同，要充分挖掘专业特色与实用技能的结合点，不应局限于农业生产技术的培训，或各类机械设备的设计、维修，更要把创业经营理念、"互联网＋"、电子商务、品牌营销、特色美食加工、乡村旅游资源开发、乡村教师、乡村医疗、基层党组织建设与行政管理等各行各业的技能，全面推广、使用到美丽乡村建设中去，营造各高职院校与美丽乡村建设相契合的良好氛围。

（三）建立对口协作，发挥高职院校与乡、镇、村的联合作用

鼓励各高职院校积极与周边的乡、镇、村建立对口协作关系，发挥学校和村镇两方面的优势，把学校的办学优势和村镇的资源优势结合起来，利用好教育培训这个大平台。一方面，学校积极拓展生源，培养更多高技能人才，改善农村人口的整体素质；另一方面，各村镇可以为学校的人才培养提供一线实践平台，通过处理各类基层事务，真正使学生的实践能力得到充分锻炼和发挥。同时，院校与村镇的对口协作，也是开展精准扶贫的一种有效方式。

（四）加强乡土人才动态管理，建立乡土人才管理名册

通过组织推荐、群众举荐、个人自荐、考察核实等方法深入农村调查摸底，全面掌握具有一技之长、一定致富本领、一定影响力的农村致富能手和各类"土专家""田保姆"情况；在整体统筹的基础上，建立乡土人才管理名册，按照种植业、养殖业、农产品加工、农产品

流通等类别分类管理。发挥"土专家"作用，着重加大培育"土专家"的力度。当下，要在特色农业、循环农业等农村产业生态中，需要充分发挥"土专家"的作用，这就决定了要加大对这些土专家的培训。通过培训，一方面可以不断增加"土专家"队伍；另一方面，可以保证"土专家"技能的实用性和有效性，保证其技能能够有效服务乡村振兴、乡村发展。可以邀请专家到基层一线为"土专家"授课，也可以组织"土专家"到异地进行培训和实地考察学习，不断提升其业务技能和水平。

第三节　三产融合的先锋队

一、三产融合急需新型乡村人才

（一）三产融合的内涵

2015 年，中央 1 号文件首次提出"推进农村一二三产业融合发展"，《国务院办公厅关于推进农村一二三产业融合发展的指导意见》(国办发〔2015〕93 号) 文件印发。国家发展和改革委员会农业经济司副巡视员许正斌表示：5 年来，农村产业融合发展已经从一个政策语言、一个新鲜而抽象的概念，逐步成为被大家普遍接受的发展理念，成为推动现代农业发展、促进乡村产业振兴的具体实践。

实际上，三产中的每一个产业都能细分为许多职业，可以说，三产融合是农村产业的一次升级。这就要求三产融合需要运用新技术，如互联网信息技术、生命科学技术等。显然，农民不具备使用这些技术的素质。实际上，农业除却传统的生产功能以外，加工、旅游、文化宣传、康养等功能潜力无限；不论是单一的农业生产，还是以"农家乐"为主的农村观光旅游，显然都没有真正发挥农业的功能。而且，农业一二三产业的融合目前尚处于一个探索阶段，很多地方还处于简单的一二三产业共存状态。目前，很多农村对于三产融合还是浅显的排列理解，一部分农民主业从事农业生产活动，兼开着一家"农家乐"用于招待游客，此类模式屡见不鲜。种、加、销、游产业链条，看似齐全，却是各干各的。三产融合缺少新型人才来推动，没有运用新技术、新思想、新模式,三产融合成了三张皮,仍然是孤立状态。

截至 2018 年,全国规模以上农产品加工企业 7.9 万家,业务收入达到 14.9 万亿元。2018 年,休闲农业和乡村旅游蓬勃发展,农业与休闲旅游、教育文化等深度融合,共接待游客 30 亿人次、实现营业收入超过 8 000 亿元;乡村服务业创新发展,农村生产性服务业营业收入超过 2 000 亿元,农村网络零售额突破 1.3 万亿元,其中农产品网络销售额达到 3 000 亿元。由此可见,在巨大的市场总额以及巨大的发展空间下,三产融合发展潜力巨大,对人才的需求也十分迫切。

可以看到,农村的发展如火如荼,三产融合也在一些地区产生好的示范作用。但是,农村地区由于生活工作条件、个人发展空间的客观限制,从事电商的专业人才、管理人才不足,特别是缺乏懂农业、互联网以及管理的复合型人才和农村新兴产业发展的带头人。当下,在农村三产融合的大背景下,投身农村产业之中,个人发展空间潜力巨大。

(二) 三产融合的方式

三产融合尚处于探索阶段,各地需要因地制宜,结合自身特色,探索新型的三产融合发展模式。下面介绍 3 种模式:

1. "1+3" 融合模式　服务业向农业渗透,在发展服务业的同时,利用农业景观和生产活动开发观光农业,而不仅仅只是看看山水;利用互联网优势,尤其是近段时间以来的阿里巴巴"千县万村"计划以及京东的"3F"战略,提升农产品电商服务业;以农业和农村发展为主题,利用论坛、博览会、节庆活动等方式或平台展现农业。

2. "1+2" 融合模式　利用工业工程技术、装备、设施等改造传统农业,采用机械化、自动化、智能化的管理方式发展高效农业,如生态农业、精准农业、智慧农业、植物工厂等。对农机行业的大力扶持,有利于加速一二产业融合,"绿领"农机手的兴起正是这一趋势的典型代表。

3. "2＋3"融合模式 二产向三产拓展的工业旅游业，以工业生产过程、工厂风貌、产品展示为主要参观内容而开发的旅游活动，反之以三产的文化创意活动带动加工。通过创意、加工、制作等手段，把农村文化资源转换为各种形式的产品。

4. "1＋2＋3"融合模式 农村三产联合开发生态休闲、旅游观光、文化传承、教育体验等多种功能，使3种产业形成"你中有我、我中有你"的发展格局。典型业态有农产品物流、智慧农业、工厂、牧场观光、酒庄观光等。观光牧场融合畜牧业、乳产品加工业和牧场观光业的优势，使牧场改变单一的生产模式，是三产融合最具代表性的模式之一。

三产融合模式实际运用的情况是错综复杂的，实操起来需要掌握许多知识，既包括与农业生产技术有关的知识，又要懂得经营管理的知识，还要对社会科学有一定的了解，能挖掘地方文化等。所以说，要顺利实现三产融合，关键在于解决农村人才的问题。当前，引才难、留才难在农村最为普遍，是制约农村经济社会发展的突出短板。三产融合更是十分需要农村经营型人才，应建立农业经纪人队伍，来充分发挥农业经纪人信息员、宣传员的作用，向农民发布正确信息，提供有效的技术咨询服务。

（三）建成支撑农村一二三产业融合发展的人才策略

当前，我国农业科研人才总量已经接近10万人，但沉到基层一线的科研人才比例并不乐观。中国农业科学院的一位所长说："让农业科技人才愿意下农村、留农村，必须解决吸引力的问题。要在基层给科研人才设置上升通道，通过激励机制让他们有扎根基层的动力。同时，基层政府要广开思路，把柔性引才工作做好，充分利用节假日，吸引农业博士或乡贤人才贡献智力。"具体应该怎样做呢？

1. 培养人才要具有农村一二三产业融合发展的长远视野 第一，一二三产业融合发展是国际先进农业演进的趋势，用工业理念发展农业，以服务需求与最终消费为导向，构建农业与二三产业交叉融合的现代产业体系；这需要全产业链的质量把控，任何一个环节的劣质或缺陷会影响社会大众消费体验的公共评价与口碑。第二，要大力培养高素质农民。对于一线农业生产，利用互联网等大众媒体开展大众化实用技术普及性培训，组织技术专家或农技师进行解决现实问题的针对性指导；对于有一定文化水平与创业愿景的农民，要政策扶持、技术帮助与实时跟踪，帮助增加创业技能；有条件的村镇可以利用龙头企业、农村合作社、农业技术协会等资源，对农民进行中高等职业教育弹性培训。可以采取"政府引导、企业主导"模式培养农业经纪人，政府出台政策，提供协调农业经纪人县、镇、村三级站点场所建设等服务；企业负责选聘有文化、有道德、有志向的农村青年。培育农村经营人才为致富带头人，创办家庭农场、专业合作社、开放乡村旅游等，推进农业规模化、集约化经营。第三，要培养农村一二三产业融合发展所需的管理人才和技能人才。要定期举办高层次农业专业技术、三产融合技术研修培训班，利用农业科技创新联盟、现代农业产业技术体系、农业科技创新工程等平台，基于不同的区位优势，利用附近一线城市乃至全国资源培养人才。

2. 吸引支撑农村一二三产业融合发展的人才　首先，要吸引其他领域的人才投入农村一二三产业融合发展事业之中。国家实施乡村振兴战略以来，新时代乡村振兴进步的宏伟蓝图正逐步绘制，智能工业化、互联网信息化等科技日益发展并与农业融合是一个历史机遇。要吸引对农业、农村、农民富有热情的创业者，尤其是青年优秀人才，打造农村新产业、新业态、新模式，延伸产业链、价值链，进而实现农业、工业、服务业深度融合。其次，要积极引导高校、科研院所等技术人才柔性化、弹性化投入农村一二三产业融合发展中。最后，要大力吸引全国和国际人才，特别是创业型人才投身农村一二三产业融合发展事业。对于带资金与技术来农村投资建设节本增效、优质安全、绿色环保的新型农场、模范合作社、重点龙头企业、农业产业化联合体等的人才，给予政策大力倾斜扶持，鼓励在农村建立"旅游＋""休闲＋""生态＋"等发展模式，使农业与旅游、健康、教育、文化、养老等产业深度融合。

3. 留住支撑农村一二三产业融合发展的人才　首先，要加强和改善对人才工作的管理格局。要革新人才管理方式方法，把留住人才工作摆到更加重要的位置来抓，通过制定人才政策、创新人才机制、改善人才环境，为一切有志农村一二三产业融合发展的人才提供更多发展机遇和更大发展空间。其次，要积极培养尊重人才的沃土。留人要留心，若人才无法与工作环境形成协和共振，就没有工作的归属感，就不能激发积极性、创造性。要鼓励人才通过从事农村一二三产业融合事业，实现人生价值，营造更加开放、更加有效的舆论氛围和社会环境，树立人才榜样，塑造德才兼备的人才标杆，大力宣传和树立向上、向善的激励典型。最后，要大力优化人才政策环境。各级政府要根据新时代的现实要求及发展的趋势，实时调整人才开发工程及引进创新创业人才办法，并在重点支持领域考虑引入农村一二三产业融合发展人才；政策上对各类人才加以甄别、统筹考虑，建立人才意见沟通渠道；各级领导要抓好宏观协调和人才服务，对人才工作生活的痛点予以妥善处理，充分尊重人才能动性、充分发挥人才作用。

二、"农村电商""休闲农场主""农村网红"是如何养成的

（一）农村电商的培养

《国务院办公厅关于促进农村电子商务加快发展的指导意见》（国办发〔2015〕78号）提出：要建成统一开放、竞争有序、诚信守法、安全可靠、绿色环保的农村电子商务市场体系，农村电子商务与农村一二三产业深度融合，在推动农民创业就业、开拓农村消费市场、带动农村扶贫开发等方面取得明显成效。

1. 加强政策扶持 深入开展电子商务进农村综合示范，制定出台农村电子商务服务规范和工作指引，指导地方开展工作。加快推进信息进村入户工作。加快推进适应电子商务的农产品分等分级、包装运输标准制定和应用。把电子商务纳入扶贫开发工作体系，以建档立卡贫困村为工作重点，提升贫困户运用电子商务创业增收的能力；鼓励引导电商企业开辟革命老区和贫困地区特色农产品网上销售平台，与合作社、种养大户等建立直采直供关系，增加就业和增收渠道。

2. 鼓励和支持开拓创新 鼓励地方、企业等因地制宜，积极探索农村电子商务新模式。开展农村电子商务创新创业大赛，调动返乡

高校毕业生、返乡青年和农民工、大学生"村官"、农村青年、巾帼致富带头人、退役军人等参与农村电子商务的积极性。开展农村电子商务强县创建活动，发挥其带动和引领作用。鼓励供销合作社创建农产品电子商务交易平台。引导各类媒体加大农村电子商务宣传力度，发掘典型案例，推广成功经验。

3. 大力培养农村电商人才　实施农村电子商务百万英才计划，对农民、合作社和政府人员等进行技能培训，增强农民使用智能手机的能力，积极利用移动互联网拓宽电子商务渠道，提升为农民提供信息服务的能力。有条件的地区可以建立专业的电子商务人才培训基地和师资队伍，努力培养一批既懂理论又懂业务、会经营网店、能带头致富的复合型人才。引导具有实践经验的电子商务从业者从城镇返乡创业，鼓励电子商务职业经理人到农村发展。

4. 加快完善农村物流体系　加强交通运输、商贸流通、农业、供销、邮政等部门和单位，以及电商、快递企业对相关农村物流服务网络与设施的共享衔接，加快完善农村物流体系，鼓励多站合一、服务同网。鼓励传统农村商贸企业建设乡镇商贸中心和配送中心，发挥好邮政普遍服务的优势，发展第三方配送和共同配送，重点支持老少边穷地区物流设施建设，提高流通效率。加强农产品产地集配和冷链等设施建设。

5. 加强农村基础设施建设　完善电信普遍服务补偿机制，加快农村信息基础设施建设和宽带普及。促进宽带网络提速降费，结合农村电子商务发展，持续提高农村宽带普及率。以建制村通硬化路为重点加快农村公路建设，推进城乡客运一体化，推动有条件的地区实施农村客运线路公交化改造。

6. 加大金融支持力度　鼓励村级电子商务服务点、助农取款服务点相互依托建设，实现优势互补、资源整合，提高利用效率。支持银行业金融机构和支付机构研发适合农村特点的网上支付、手机支付、供应链贷款等金融产品，加强风险控制，保障客户信息和资金安全。加大对电子商务创业农民尤其是青年农民的授信和贷款支持。简化农村网商小额短期贷款手续。符合条件的农村网商，可按规定享受创业担保贷款及贴息政策。

7. 营造规范有序的市场环境　加强网络市场监管，强化安全和质量要求，打击制售假冒伪劣商品、虚假宣传、不正当竞争和侵犯知识产权等违法行为，维护消费者合法权益，促进守法诚信经营。督促第三方平台加强内部管理，规范主体准入，遏制"刷信用"等欺诈行为。维护公平竞争的市场秩序，推进农村电子商务诚信建设。

（二）休闲农场主的培养

近几年，休闲农业与乡村旅游业发展十分迅猛，各地都在竞相投入。但是，真正懂休闲农业专业知识的还不多见，存在诸多盲目性。休闲农场的发展要基于一定的发展理念。第一，农庄一定要农旅一体的发展。从本质上说，休闲农业脱胎于农业，是在传统农业的基础上升级换代而产生的。休闲农庄与传统种养相比，仍然是生产同样的东西，只是将原来的农业生产流程转为吸引游客的体验活动，将农产品从田头直接导上餐桌，将由销往农贸市场和超市经销商的产品直接卖给游客，将附属生产设施转变为游客接待服务设施，从而将单一农业生产链增加为两条甚至多条产业链，农产品大部分不出田间就消化，产值与效益倍增，使农业与观光相辅相成、相得益彰。实践表明，随着休闲农业与乡村旅游业的发展，做得好的休闲农庄的旅游收益可以超过农业收益，但农庄也不能完全转型为纯休闲度假业态，这不光是因为农业可以获得相关补贴，更多是因为农业是休闲农业的基础与根本，只有具备原产地、地理标志、有机农业、生态农业等标签，休闲农庄业态才有灵魂与立身之本。第二，农庄应该是"一品一业"的产业模式发展。休闲农庄应该以一产为基础，二三产业整合发展。打造可为旅游者提供吃、住、游、购、娱的完整要素系统，而且系统可自我循环、自成体系、自产自销。各个农场田地里的农作物，既是景观体系，也是餐桌食材，还是伴手礼、DIY制作的原料来源；一个农场庄园，需要集农业生产、科研、加工、观光、度假等多功能于一体，各个功能体之间构成共生互补的关系；休闲农业在产业收入中比重越来越高，且主导引领其他产业的发展。例如，一家水稻主题休闲农庄，过去是一个水稻生产示范种植基地，但往休闲农业转型后，就形成了观光、休闲、民宿、农产品加工销售的多功能产业综合体，做得热热闹闹、风生水起。好的休闲农庄业态应该是经典的创意产业，虽然只是一粒米、一朵花、一颗果都要做成一个产业的传奇，成为一个区域的单打冠军。休闲农业应专注于主导一个产品、一个企业、一个主题，采用公司加农户、基地加工厂等模式，把单品做精、做细、做成系列化、做长产业链。

1. 加强专业知识的培训，提升综合素养　要积极参加休闲农业培训，可以关注《休闲农业职教周刊》《休闲农业专业系列教材》等书籍刊物，树立强烈的市场意识，学习专业的科学知识。在稳定农场生产的前提下，以市场为导向，大力推进农场经济结构的战略性调整，从"吃饭"农业走向市场农业，让农场的收入不单纯靠旅游门票、餐饮等收入来源，而是打造出靠农场特色产品带来的持续性收入。另外，要树立强烈的标准意识。在推动农业标准化建设上多下功夫，尽快建立农场农产品质量标准体系、质量安全检验检测体系、质量安全认证体系、信息服务体系，将农场农业生产的全过程纳入标准化的管理系统。此外，要树立强烈的品牌意识。有品牌才有市场竞争力，才有信誉。要把已有的农场农产品品牌保护好、发挥好，并高度重视新品牌的培育。最后，树立强烈的资本运营意识。应用工业资本运营理念，吸引各种社会资本投资自己的休闲农场；通过发行企业债券、公司上市等方式，加快农业龙头企业发展，吸引对农业的投资，增加对农业的投入，促进现代休闲农业发展。

2. 争取国家扶持政策　近年来，休闲农业支持与扶持政策越来越多，土地改革的步伐也越来越快，土地流转的相关政策出台并日渐完善。2018年，农业农村部联合多部委出台了《关于加快发展休闲农业的指导意见》，文件中指出：政策支持有条件的地方通过盘活农村闲置房屋、集体建设用地、开展城乡建设用地增减挂钩试点、"四荒地"、可用林场和水面、边远海岛等资产资源发展休闲农业。鼓励各地采取以奖代补、先建后补、财政贴息、设立产业投资基金等方式加大财政扶持力度等。可见，休闲农业受到政策的大力支持，资金方面也有政策的保障。因此，农庄要适时把握政策，看准形势，才能更好地用好用活政策，让农庄拥有较好的发展环境，取得好的经济效益。

例：2019 年休闲农业支持政策常见项目申请建议

（1）蔬菜、水果、茶叶等种农产品业。可以申报农业农村部的园艺作物标准园建设项目，每个项目补贴 50 万～100 万元，要求设施 200 亩以上，陆地 1 000 亩以上。

（2）林业产业。可以申报国家林业和草原局的名优经济林示范项目，每个项目在 200 万元以上；国家林业和草原局林下经济项目，一般补贴为 10 万～30 万元。可以申报成为国家林下经济示范基地、国家绿色特色产业示范基地。

（3）观光类农庄。可以向文化和旅游部申请旅游专项资金、旅游扶贫资金等。在贫困村建设的项目，还可以申请文化和旅游部贫困村旅游扶贫项目资金。自有基地发展餐饮的农庄还可以申请"三品一标"的认证及相关补贴，打造优质农产品生产基地。

申请何种项目，一定要结合休闲农业园区内的产业优势来分析。不同休闲农业适合申请的项目种类如下。

（1）依托林果业、设施蔬菜水果的观光采摘类休闲农业。如果是设施农业，可以申报的补贴种类包括棚膜补贴、滴灌和打井补贴、设施农业建设补贴等；承包山林地的林果业及观光农业，则可以申请造林补贴、退耕还林补贴、水利和道路建设补贴等。

这里具体介绍一些补贴额多的项目。农业农村部的农业综合开发园艺类生产示范基地项目，扶持资金一般约为 200 万元；国家林业和草原局的农业综合开发名优经济林示范项目，扶持资金为 150 万～300 万元；农业农村部主管的园艺作物标准化创建项目，扶持资金为 50 万～100 万元；农业农村部的水果蔬菜标准园创建项目，扶持资金为 25 万～100 万元；农业农村部的高产创建项目，扶持资金为 50 万～100

万元。

（2）科技示范园等观光与科普一体的休闲农业。这类休闲农业项目包括科技示范园、物流商贸园等形式，既可以申报技术方面的扶持，也能申请农业方面的扶持，因此可申报的资金扶持种类包括：国家发展与改革委员会的冷链物流项目；商贸流通重点支持项目；农业农村部农产品产地初加工补助项目；农业科技推广示范项目；科技成果转化项目；现代农业园区试点项目；农业综合开发产业化经营财政补贴、贴息贷款、"一县一特"和龙头企业带动项目；农业产业化财政扶持项目；现代农业发展资金果菜产业项目；供销合作社的农业综合开发供销合作示范项目。

（3）所有休闲农业园区都有机会申请的补贴。农业农村部与文化和旅游部联合主管的休闲农业与乡村旅游示范点创建项目；农产品加工业休闲农业农民创业项目；扶贫旅游项目等。

（三）"农村网红"的培养

作为"互联网＋"的产物，农村"网红经济"是广大农民探索出的农产品销售新模式，要真正实现其健康有序发展、助力农民增收，需从政策、监管、"农村网红"个体素质提升等方面下功夫。

1. 选择合适的平台 短视频成为"农村网红"发展的最合适载体原因很多，主要是 10 分钟视频制作相对简单，不构成负担，加上软件功能组件很多，年轻人极易上手，更重要的是短视频在用户层面逐步消灭了原有的城乡差别。抖音以前只在一二线城市白领中流行，随着 2019 年春节的返乡人流，使用用户迅速下沉到小城市和乡村，推动抖音的日活从原来的 6 000 万蹿升到 2.5 亿。抖音已成为城市和农村都在使用的现象级产品，具备了开发更多场景的能力。另外，快手、西瓜视频、火山小视频等平台都有很多用户，在这些平台上发布短视频，可通过多种内容积累"粉丝"。通过直播展现乡村生活、播主的独特技能、乡村的山林秀美、土特产制作等，打开了一扇亲近农民、了解农村的窗口，满足了部分人的好奇心理，搭建了一座城乡互动、文化沟通的桥梁；同时，运用互联网、大数据和云计算等技术手段，将原生态的美丽乡村风貌展现给观众，还能唤醒许多人隐藏在内心深处的乡愁，勾起人们对乡村美好生活的向往。

2. 选择流量变现的方式　一般"网红"的流量变现就是几种套路。主要依赖平台的广告分成，但因为所打通的商品与"网红"人格属性没有直接关联，这不是一个靠得住的商业模式。

打赏和流量红利正处在顶峰，"巧妇9妹"在今日头条每月流量分成收入可观。这对一个原来只能在厨房打工、只有200元工资的妹子已经是天文数字，但聪明的"网红"都在将人格属性商业化，"巧妇9妹"不但做电商，还准备做线下店铺以及果园生态旅游，考虑的就是将线上流量和粉丝固化的商业运营。

例如，39岁的江西省横峰县的村民蒋某，他于2010年回乡做起淘宝生意。一年后，在一位拥有众多粉丝的淘宝"网红"朋友的鼓励下，蒋某开始通过直播卖山货，今天打扮成鲁智深，明天可能就摇身一变成了许文强，在3个直播平台有180多万"粉丝"。当地人眼里不起眼的农产品，在他的"粉丝"群里成了抢手货，当地近50个村200余家通过他把农产品卖出了大山。四川省泸州市合江县合江镇三块石村90后小伙刘某也是当地人气颇旺的"农民网红"之一。2017年，刘某接触到网络直播，尝试把自己录制的小视频发布到直播软件上，其直播内容主要是农村日常生活的场景，包括犁田插秧、捉黄鳝、嫁接荔枝、做竹筒饭、给父亲过生日等。如今，他的"粉丝"量已突破20万。刘某说，他在直播时不会化妆，也不会刻意搭配衣服，展现的就是自己的日常生活，他希望通过自己的镜头向大家展现真实的农村和农民生活。

3. 提升自身综合素质　第一，"农村网红"要有敏锐的觉察力，这个觉察力，跟自我有关，也与外界有关。现在的"网红"已经不仅仅局限于千篇一律的"网红脸"和演丑，才艺、手绘、写作、编段子等逐渐成为网络输出的重要内容。因此，只有对自己的优势与劣势深刻了解，及时定位，塑造成属于自己的风格，才会被大众熟知。例如，"农村网红耿哥"，人称保定爱迪生、手工樊少皇、无用发明家。

他是焊工出身，爱发明一些金属类的小玩意，如铁拖鞋、菜刀手机壳等，虽然都没有实际用处，但是却火了。

第二，要有基本的技术支持。"巧妇9妹"快速走红的背后，离不开这些人。首先，是侄子张阳城，广播电视专业出身，负责了大部分拍摄。他一般会提前2天想好3～5个内容，第二天从早上10点开始拍摄，到晚上9点左右结束；而后，张阳城还会和朋友剪辑视频到半夜2点。粉丝回复和电商客服是由"巧妇9妹"的3个表妹负责，常会用些"蟹蟹支持"等具有古老网感的词汇和颜文字。乡邻也从一开始的不理解和旁观，到现在纷纷来帮忙打包发货。

第三，要有快速的迭代创新能力。在互联网信息爆发的时代，花无百日红。往往昨天才诞生的新鲜事物，今天就可能被取代。所以，不仅要会创新，还要快速和持续。走出舒适区，说起来轻巧，实际上是一个人心理承受力、体力、耐力、自我反省力、感受力等综合素质的外显。"农村网红"现在已经出现了许多，大众逐渐审美疲劳，如何推陈出新、创新形式、吸纳粉丝是要时刻思考的命题。"农村网红"要时刻保持清空的状态，吸收不同领域的信息，再融合自己独特的经验和价值观坚持输出，这是推陈出新的基本要求。

第四，要有一项深度积累的技能。大家都很羡慕曾经"papi酱"获得"真格基金""逻辑思维""光源资本""星图资本"共计1 200万元融资。除了天性使然，功不可没的是她艺考出身、中央戏剧学院导演系研究生的背景。短短2～3分钟的视频，很可能需要花上制作团队2～3天的编剧、拍摄、剪辑等。所以，对于"农村网红"，虽然视频制作可以一切从简，也要趁早罗列一下自己能拿出手的技能、特长，全身心投入，让自己的特长变得更长，才能更好地吸纳"粉丝"。

第五，要有一颗无可取代的初心。这一点决定了"网红"能红多久。初心，既是内容产品的基调，更是在日后突破瓶颈、抵制诱惑的源动力。这份单纯而坚定的初心，是农村"网红"能抵制金钱带来的诱惑，突破眼前利益的制约，着眼长远发展的根本。很多"网红"在赚了钱之后会失去方向，一切向"钱"看齐，忘掉初心，导致内容质量逐渐下降，最终变成"过气网红"。

"我还是早起晚睡、做家务、煮饭、接送儿子，日常生活没有太大改变。""巧妇9妹"在悟空问答中这样分享，夹杂着几个错别字。可以看到她在成名后依然过着朴素的生活，保持着初心，也正是她一直保持着淳朴的心，坚持内容创业，才让她一直红下去。

第四节　新兴产业业态的领头雁

一、新产业扩人才就业空间

乡村新业态层出不穷。休闲农业、农村电商和乡村旅游业等新产业的发展，发掘乡村的新功能、新价值，催生新产业、新业态，实现"农业＋"多业态发展。例如，"农业＋"林牧渔，催生了鸭稻共生综合种养等循环型农业；"农业＋"加工流通，催生了中央厨房、直供直销、会员农业等延伸型农业；"农业＋"文化、教育、旅游、康养等产业，催生了创意农业、民宿服务、康养农业等体验型农业；"农业＋"信息产业，催生了数字农业等智慧型农业。据测算，休闲农业和乡村旅游业营业收入超过8 000亿元，吸引30亿人次到乡村休闲度假；农村网络销售额突破1.3万亿元，吸收2 800万农民就业。乡村产业集群大量涌现。各地积极推进政策集成、要素集聚、功能集合、企业集中，打造产业链条首尾相连、上下衔接和前后呼应的产业园区与产业集群。据测算，2018年，全国已建成各类乡村产业园1万多个，聚集了大量的优势企业和品牌；有8.7万家龙头企业（其中，国家级1 242家）通过建设小产业集群，带动1亿多小农户就业增收。可见，新兴产业快速发展，人才就业空间得到大大拓展。

二、新业态帮人才借船出海

在国家政策的支持下，政府鼓励、引导和支持企业家、党政干部、专家学者、医生、教师、规划师、建筑师、律师、技能人才等，通过下乡担任志愿者、投资兴业、行医办学、捐资捐物、法律服务等方式服务乡村振兴事业，允许符合要求的公职人员回乡任职。借其他领域内的专家来助力农业发展。每一个创业企业都会经历人力资源管理的问题，由于条件有限，没有条件高薪聘请高级人才，成为初创企业发展过程中倍感涩苦的瓶颈。实力弱小、人才缺乏的农村产业，如何借助"四两拨千斤"的手法来实现组织发展，是需要一些人才策略的。其中，有一种方法叫作借力打力、借船出海，就是聘请业内资深行家作顾问。这些顾问有可能在几个方面给予企业提供相关的支持：一是帮助企业进行产品和客户定位；二是他们有可能帮助企业嫁接一些营销渠道和资源；三是他们有可能会推荐一些不错的营销人才为企业所用。

建议找到国内或者省内该行业排名前十的企业，采取多种方法邀请该企业的营销高手来作兼职顾问，可以根据自身经济状况来决定是聘请长期顾问还是一次性咨询，是按条件分配股权还是现款结算等，以多种方式聘请专家来作指导。

三、新载体助人才搭梯上楼

2017年，中央1号文件提出现代农业产业园、科技园和创业园"三园"建设。其中，现代农业产业园主要是聚集现代生产要素，形成现代农业产业集群；科技园是富集创新要素，打造现代农业创新高地；创业园是强调返乡创业中"人"的要素，给人才提供必要的平台，助力打造懂农业、爱农村、爱农民的乡村振兴队伍。

现代农业产业园以市场为导向，利用各种先进的农业生产技术、管理手段等，秉承绿色发展理念，延长农业的产业链，可以在地区形成示范引领作用，引导地区农业产业结构调整和农村改革。此外，现代农业产业园集农业生产、加工、物流、研发、示范、服务等于一体，会吸引和集聚土地、人才、资本、科技、信息等现代要素，促进产业集聚、企业集群发展。在农业产业园的支撑下，乡村人才既可以实现自己的理想，又可以获得相应的报酬和发展机会。

现代农业科技园主要发挥了传统农业向现代新型农业转变的典型示范作用，探索传统农业向优质、高效、高产、创新的现代化农业的途径，发挥了为现代农业服务的整体服务功能。以国内某家现代农业科技示范园为例，现代农业科技园是一个集生产、旅游、示范、科教于一体的绿色生态园，园区规划面积约3 000亩，分为高档花卉、水生植物、无公害蔬菜、优质果林、绿化苗木、农产品加工及商业贸易等若干个小区。功能设施包括全自动智能温室、自动卷帘日光温室、标准钢塑大棚、现代化组培室、种球专用冷库、综合科技馆、观光休闲园等。科技园需要科研人员研发、技术人员种植和管理，正是乡村人才的大好去处。

创业园一般与产业园结合在一起，通过产业园的示范和引领、技术支持、人员培训推动乡村人才自主创业，集成管理和技术服务功能。创业园会聘请创业培训指导师及各相关行业专家，对创业项目进行指导。从提高创业意识、增强创业能力、优化创业环境等环节入手，完善政策扶持、创业培训、创业服务"三位一体"的工作机制，努力激发劳动者创业热情，催生和造就一大批创业带头人成功创业并带动周边农民脱贫致富，努力打造现代农业发展新高地。

第五节　创新创业的排头兵

一、产业发展急需人才领风骚

目前，农村出现了3个新兴产业——休闲观光农业、乡村旅游业、农村电商。随着新兴产业的发展，传统的种植业、农产品加工业、服务业也在大趋势下稳中求进，发展态势强劲。在大好的环境下，新兴产业的发展急需优秀农村人才的领导，带领农民致富。推动农村一二三产业融合发展，培育休闲农业、乡村旅游业、农村电商等新产业、新业态，既是未来农村和农业发展的方向，也是当前推进农业供给侧结构性改革的抓手。

乡村产业发展虽然取得积极成效，产业形态不断丰富，但仍然存在产业质量效益不高、科技创新能力不强、产业要素活力不足、产业链较短的问题。全国人大环境与资源保护委员会委员张光荣就建议，要加大扶贫产业的培育力度。产业培育和发展直接关乎脱贫攻坚成果的巩固和农牧民增收的可持续性。因此，应该有计划、有重点地实施特色产业培育提升工程，大力发展根植于乡村的特色种养业、传统手工业、民族文化工艺品、乡村旅游业等扶贫特色产业。

现在，有能力、有体力、有钱的人大量流出农村，留下来的人基本是老弱病残、没能力也没体力的人。所以，发展乡村产业要靠人才，也要靠资金的支撑。目前，国家在政策上给予农村创业项目诸多补贴，也是因为想要利用政策补贴吸引人才到乡村去，带领农村产业的发展。

综合农村的现状来看，产业的发展急缺的就是人才，首先要解决的也是人才短缺问题。

二、产业创新急需人才闯新路

随着互联网信息科技技术的发展，我国已经进入"互联网＋"时代。"互联网＋"是创新 2.0 下的互联网发展的新业态，是知识社会创新 2.0 推动下的互联网形态演进及其催生的经济社会发展新形态。简单来讲，"互联网＋"是"互联网＋各个传统行业"，这里的"＋"并非是数学领域和的关系，而是传统行业与互联网共融的关系，代表着一种新的经济形态。传统行业与互联网的融合，在于利用互联网的信息科学技术，促进传统行业实现创新发展，不断提升传统行业的生产力、竞争力和创新能力。随着毕业大学生人数的每年递增以及社会就业市场的饱和，许多大学生面临着一毕业就等于失业的状况，严峻的就业形势打击着大学生就业的积极性。在就业市场饱和的状态下，许多大学生决定到农村进行创业。"互联网＋"为大学生创业提供了很大的机遇。在日益激烈竞争的条件下，大学生最重要的素质是要具备强烈的创业意识、无畏的创业勇气、很强的创业能力。学校、教师和家长都要通过多种方式培养学生的创业意识、创业勇气和创业能力；全社会都应该积极鼓励、支持大学生去自主创业，努力形成一种创业光荣、支持创业的良好社会氛围。目前，农村迫切需要新的观念、新的技术和新的管理，关键是需要一大批新的人才特别是现代创业型人才。一方面，当代大学生是互联网成长的陪伴者和见证者，对互联网也有一定的了解，利用互联网提供的机遇在农村创业是一个不错的选择；另一方面，国家也支持大学生回乡创业，带动农村的经济发展。政府为了鼓励大学生回乡创业，还提供一些创业基金和设施等，为大学生创业提供了巨大的帮助。

在新时代"大众创业、万众创新"的背景下，国家政策鼓励返乡创业。互联网与农业结合，催生出许多新型的农业发展路子，需要创新型人才闯新路。5G 时代的到来，一定会产生更新的发展方式。正如 4G 催生直播技术的成熟，从而催生了"网红"产业。5G 将会催生农业大数据、智慧农业等领域快速的发展，在这些新领域中，只有创新型人才才能更好地推陈出新、迎头而上，适应新的产业业态，推动农业发展。

据媒体数据，目前我国各类返乡下乡人员已达 700 万，创业创新覆盖农产品加工、农村电商、休闲农业和乡村旅游业等多个领域，有的甚至与现代信息技术紧密融合。我国农村创新创业工作已取得明显成效。例如，习近平总书记在黑龙江考察时，提出"要给农业插上科技的翅膀，加快构建适应高产、优质、高效、生态、安全农业发展要求的技术体系"。张芳牢记习近平总书记的指示，秉持着粮食安全、生态安全、食品安全理念发展企业。为开辟国际国内大市场，在保证产品品质同时，建立起 1 500 平方米的杂粮种植资源研发及深加工实验室；与清华大学、黑龙江农业科学院及东北农业大学签订战略合作协议，选聘 20 余名以硕士研究生为主的专业团队，开展资源优势研究、膳食营养研究及粗粮饮食文化研究等。自 2014 年起，张芳倡导开辟农业营销新电商渠道，发力多渠道营销，成立专业电商运营团队，发展省市、国内、国际传统店铺和现代电商，在线上开展了"横向拓展＋纵向延伸"的全域电商之路。一方面，通过运用新媒体，打造"溢小妹"个人 IP 形象，通过传统电商到新媒体的推广与传播实现信任营销战略闭环，火爆网上销售；另一方面，又与中通、百世等快递公司共同搭建了"和粮云仓"平台，通过高效、低成本的物流服务，实现存储、打包、快递一体化服务。让公司"溢田"品牌借助

"网红"经济，在全国扩大了知名度。通过运用"传统电商＋新社交电商＋新媒体"业态推广，使公司产品在天猫粮油类目排名前五、京东旗舰店排名第二、多家第三方平台排名第一。通过大型连锁商超KA渠道、和粮好客全国连锁加盟系统、大客户团购、OEM代工渠道等六大传统线下销售渠道，2018年实现网上销售额19 000万元、线下体验店"和粮好客"全国327家，计划3年内完成半加盟3 000家、5年内打造"千城万店"线上线下全面贯通融合的新零售产业链。实现线上线下齐头并进，多点开花。

农村创新创业不仅能促进农民就业增收，也是落实实施乡村振兴战略的重要途径。培养新农民、推广新技术，推进农村创新创业，促进乡村振兴已成为破解"三农"问题的共识。因此，实施乡村振兴战略，需要培养造就一支懂农业、爱农村、爱农民、敢于创新创业的人才骨干队伍。

三、产业变革急需人才挑重担

农业是国民经济的基础，农村经济是国民经济的重要组成部分。推进农业和农村经济结构的战略性调整，不仅要着眼于提高农业和农村经济自身的素质与效益，而且要与整个国民经济的发展水平和结构变动趋势相适应。这是国民经济发展的客观要求，也是农业和农村经济持续健康发展的必然选择。改革开放以来，我国农业和农村经济稳步增长，结构不断优化，为我国社会经济的发展作出了贡献。但由于历史、体制和政策等一系列方面的原因，我国现阶段的农业与国民经济其他产业之间、农村经济内部各行业之间，仍然存在着一系列的结构性矛盾，制约着我国经济的长远发展。当前，我国正处于国民经济结构战略性调整的关键时期，这对现阶段的农业和农村经济结构战略性调整提出了新的更高的要求。如何尽快消除这些结构性矛盾，促进国民经济协调发展，是今后农业和农村经济结构调整必须要考虑与解决的问题。

农业生产结构不断优化，但就业结构变动缓慢。过去，我国农业一直把解决温饱问题作为基本目标，其主要任务就是努力提高农产品产量，特别是粮食产量。因此，农业生产结构比较单一，农业生产以种植业为主，种植业生产又以粮食为主。众多主导产业虽已在我国形成，但是需要注意的是在产业集中度上并没有达到需求，分散的生产基地尚不能满足大批量加工以及生产的需求，且就市场风险而言，抵御能力也较为低下；此外，在特色产品市场中，地方传统优势竞争力不佳，很难大批次的进入，那么规模效益也因数量小以及规模小而难以形成。归根结底，要想主导产业、大规模集中生产经营，不太适应于现有的土地使用管理制度。与此同时，部分地区因缺少区域优势以及市场分析、资源整合等而盲目选择主导的产品与产业，争相效仿层出不穷，造成产业以及基地分布均不够集中。另外，深加工的操作在农产品上比较匮乏，在延伸产业链上的工作也做不到位。与全国的平均水平相比，农产品不管在一次加工还是在二次深加工的水平上都不高，大部分的产业还滞留在出口原料的时期。

此外，科技含量不高，高素质的科技人才比较匮乏。现如今在科技的运用以及推广上，农业有欠缺，个别方面还出现了脱节，农产品加工技术水平较低以及高素质科技人才匮乏等，都造成了传统农业向现代农业的过渡较为缓慢。其中，表现较为突出的莫过于赶不上时代脚步的品种改良与培育，农民因不健全的体系、落后的农业设施，以及不能实时掌握现有的科技、缺乏科技载体应对自然灾害、农业科技人员较少等原因的存在，较大程度地影响着农业结构的调整。

目前，农村产业变革就是要解决这些问题。首先，农业基础设施会不断完善，在巩固种植业基础地位的同时，也为经济作物的种植、第二产业和第三产业的发展奠定基础，农业生产结构会不断调整。农村地区投资力度也会逐步加大，城乡投资结构将会出现调整，农村资源配置效率不断提高。财政资金、信贷资金会向农村流动，为农村产业变革提供资金保障。其次，企业也会在政策的支持下加大对农村的筹资力度。民间资本进入农村，他们带来的技术进步、制度创新会推动农村的产业大变革。在城镇化水平不断提高的背景下，城镇的基础设施不断完善，教育、医疗、交通等不断完善，人才会回归城镇，为产业变革添加活力。最后，随着城乡壁垒的消失，劳动力有序流动，为人才回归乡村、参与农村产业变革提供保障。同时，在农业结构不断优化调整的过程中，农业逐渐向高效、高产、优质转变，催生了大量的新型工作岗位，呼唤着优质劳动力的参与。

综上来看，在农村产业的变革过程中，困难与机遇并存，发展空间巨大，呼唤广大的高水平人才来担重任。

第四章

新型乡村人才必知的扶持政策

人才是实现乡村振兴的内在动力。习近平总书记指出，要推动乡村人才振兴，必须把人力资源开发放在首要位置，强化乡村振兴人才支撑，让愿意留在乡村、建设家乡的人留的安心，让愿意上山下乡、回报乡村的人更有信心。中共中央、国务院印发的《乡村振兴战略规划（2018—2022年）》已将强化乡村振兴人才支撑作为重要内容，明确提出"实行更加积极、更加开放、更加有效的人才政策，推动乡村人才振兴，让各类人才在乡村大施所能、大展才华、大显身手"。因此，乡村人才政策是发展农村人力资源、吸引更多人才扎根农村的稳定剂和助推剂。而加强对乡村人才政策的理解和宣传，则是开展好乡村人才工作的前提，是推动乡村人才发展的有力支撑。为此，本章主要分类归纳近5年乡村人才扶持政策体系，总结获取乡村人才政策的主要渠道和路径。在此基础上，提出有效宣传乡村人才政策的途径和方法，并为其中可能遇到的困难提供解决策略，从而为基层组织更有效地开展乡村人才工作提供参考和借鉴。

第一节　主要扶持政策体系

对当前农村人力资本的现实状况，曾经流传这样一句话，"70后不想种地，80后不会种地，90后不谈种地。"这句话在一定程度上反映了农村日益严重的空心化问题。近年来，各级政府陆续出台了一系列的鼓励、扶持措施，希望吸引更多的人才扎根农村、服务农村、建设农村，在农村这片广袤的大地上大施所能、大显身手。这些政策对于不断丰富和完善我国的乡村人才政策体系起到了重要的作用。例如，2011 年，中共中央组织部印发《农村实用人才和农业科技人才队伍建设中长期规划（2010—2020 年)》，提出要逐步建立以素质提升和创新能力建设为核心，自主培养与人才引进相结合，学历教育、技能培训、实践锻炼等多种方式并举的人才培养开发机制。2013 年，农业部办公厅印发的《关于新型职业农民培育试点工作的指导意见》(农办科〔2013〕36 号）中不仅明确要构建新型职业农民教育培训制度，还特别强调了新型职业农民认定管理和扶持政策的重要性，将制度体系建设、培养认定工作和信息管理系统建设作为人才培养的重要支撑。2016 年，人力资源和社会保障部出台的《关于加强基层专业技术人才队伍建设的意见》(人社部发〔2016〕57 号）中提出要构建多种培养模式相统筹的人才培养工程，加快推进培养、使用、评价、流动、激励保障等体制机制改革和政策创新。《农业部关于印发〈"十三五"全国新型职业农民培育发展规划〉的通知》(农科教发〔2017〕2 号）提出，探索菜单式学习、顶岗实训、创业孵化等多种培育方式，倡导信息化扶持和新型职业农民"走出去"。如今，农业农村人才扶持方式已经涵盖资格认定、政策支撑、风险防控、平台建设、信息服务、激励机制等领域。

　　为了便于基层组织和干部更全面地了解乡村人才政策，本节主要总结和归纳了近 5 年的乡村人才扶持相关政策，对政策进行分类归纳。政策主要来源于《关于支持农民工等人员返乡创业的意见》(国办发〔2015〕47 号）、《关于统筹开展新型职业农民和农村实用人才认定工作的通知》(农人发〔2015〕3 号）、《关于支持返乡下乡人员创业创新促进农村一二三产业融合发展的意见》(国办发〔2016〕84号）、《"十三五"全国新型职业农民培育发展规划》(农科教发〔2017〕2 号）、《关于做好 2018 年新型职业农民培育工作的通知》(农办科〔2018〕17 号）、《关于大力实施乡村就业创业促进行动的通知》(农加发〔2018〕4 号）、《2019 年农业农村科教环能工作要点》(农办科〔2019〕9 号）、《关于做好高职扩招培养高素质农民有关工作的通知》(农办科〔2019〕24号)等政策文件。

一、乡村人才培养政策

精准遴选培育对象是农业农村人才培育的关键环节，农业农村部广泛开展宣传发动和摸底调查，建立新型职业农民培育对象库，鼓励以县域为单元，组织有意愿、有需求、有基础的农民登录中国农村远程教育网的"新型职业农民培育申报系统"或手机下载"云上智农"App报名参加培育。目前，农业农村部关于乡村人才培养方面的政策主要从培育"老农""新农""知农""领农"等方面开展。

(一)培育一批"老农"

自2012年起，连续7年中央1号文件及中央有关文件都对高素质农民培育作出部署要求。农业农村部印发《"十三五"全国新型职业农民培育发展规划》(农科教发〔2017〕2号)，明确了"十三五"期间我国新型职业农民培育的指导思想、目标任务和保障措施，提出到2020年全国新型职业农民总量超过2000万人，成为现代农业发展的主导力量。

在实施的进程中，首先要精准遴选培育对象。依托高素质农民培育工程，重点遴选专业大户、家庭农场经营者、农民合作社带头人、农业龙头企业骨干、返乡涉农创业者等新型农业经营主体和农业社会化服务组织骨干力量，以提高生产经营能力和专业技能为目标，开展分层分类培训。《关于做好2018年新型职业农民培育工作的通知》进一步提出，鼓励各地以县域为单元，围绕乡村振兴和现代农业发展制订新型职业农民发展规划和培育计划。广泛开展宣传发动和摸底调查，建立新型职业农民培育对象库，组织县域内有意愿、有需求、有基础的农民，登录中国农村远程教育网(www.ngx.net.cn)的"新型职业农民培育申报系统"或手机下载"云上智农"App报名参加培育。重点围绕县域主导、特色产业培育生产经营型高素质农民，以保障粮食等重要农产品生产；围绕农业企业和农民专业合作社用工需求，培育专业技能型高素质农民，提高名特优新品和高质量农产品生产水平；围绕土地托管、农机作业、植保收获等社会化服务，培育专业服务型高素质农民；围绕休闲观光、农村电商等新产业、新业态，培育创业创高素质农民。

其次，要统筹利用各类高素质农民教育培训资源，加强标准规范、名师队伍、精品课程和教材建设，遴选一批培育示范基地，加快构建"专门机构＋多方资源＋市场主体"的多元化培育体系。农业农村部办公厅印发的《关于做好2018年新型职业农民培育工作的通知》提出，要坚持分类施策和因材施教。部省两级重点组织青年农场主、农业职业经理人、新型农业经营主体带头人等示范培训和师资培训；市县两级按产业类型组建培训班，统筹开展各类高素质农民培训。遵循成人学习特点和农业生产规律，大力推行"一点两线、全程分段、实训服务"培训形式，强化模块化培训，突出职业素养、"三农"新形势、质量安全、绿色发展、信息化手段应用等内容模块，提高培训的灵活性和实用性。各地要结合实际制定培训标准规范，鼓励各地开展试点；同时，要创新培训机制，探索政府购买服务等方式，支持农民专业合作社和龙头企业等主体承担培训工作；创新培训方式，依托"云上智农"App开展在线学习、在线服务和在线考核，实现线上与线下培训的学时学分有效衔接。

此外，农业农村部每年组织评选"十佳农民"，每两年评选一批"风鹏行动·高素质农民"。通过表彰奖励，树立一批扎根农村、事迹突出、带动能力强的高素质农民典型。各地也注重先进典型树立，如山西省于2017年评选推介出首届全省"十佳新农民"，弘扬"重农爱农尚农"新风尚，吸引了更多优秀人才投身乡村振兴。

（二）吸引一批"新农"

政府陆续出台了一系列政策，大力吸引人才资本返乡工作，建设农村、服务农村。国务院办公厅先后印发《关于支持农民工等人员返乡创业的意见》（国办发〔2015〕47号）、《关于支持返乡下乡人员创业创新促进农村一二三产业融合发展的意见》（国办发〔2016〕84号）等文件，从制度层面就建立多层次多样化的返乡创业格局进行了部署。农业农村部通过建立推进协调机制、举办农村创业创新项目创意大赛、强化农村"双创"园区（基地）建设等，营造良好的返乡创业环境，引导农民工、大学生等重点人群返乡创业。把到农村创业创新的农民工、中高等院校毕业生、退役军人、科技人员等"新农"作为吸引发展对象。特别是实施现代青年农场主培养计划以来，一批大学生、返乡农民工加入高素质农民队伍中，成为农业转型升级的新动能，引领现代农业发展方向。除此以外，人力资源和社会保障部门依托技能院校和职业培训机构，开展针对农村劳动者和返乡农民工的创业培训、就地就近转移培训。自 2014 年以来，人力资源和社会保障部在全国组织开展农民工职业技能提升计划"春潮行动"，力争到 2020 年使新进入劳动力市场的农村转移劳动者都有机会接受一次就业技能培训。财政部门通过就业创业服务补助、创业培训补贴、职业技能鉴定补贴、创业担保贷款、税收优惠、减免收费等政策，加大财政支持力度，提升公共就业创业服务机构服务能力，营造良好的创业环境。2013—2017 年，全国各级财政累计安排资金超过 4 000 亿元，支持各项就业创业扶持政策的落实。据对 2017 年 1.1 万名青年农场主培育对象的统计，创业大学生、返乡农民工、退役军人有近 1 400 人，占培育总数的 13%。

（三）储备一批"知农"

把接受中高等职业教育的农民和涉农专业在校学生作为培养储备的对象，大力支持高素质农民采取"弹性学制、农学交替"的方式，接受中高等职业教育。2014 年，农业部联合教育部印发《中等职业学校新型职业农民培养方案（试行）》（教职成厅〔2014〕1 号），鼓励高素质农民采用半农半读、农学交替等方式，分阶段完成学业。各地根据实际情况积极探索，制定切实可行的具体政策，开展多形式农民职业教育。高素质农民中等职业教育分为种植、畜禽养殖等 5 个专业类，课程设置突出开放性原则，分为公共基础课、专业核心课和能力拓展课，学生可根据自身生产生活实际选择学习；各专业和课程的设置也可以根据农业产业和农村经济社会发展的需要，以及各地农业农村人才培养的特点进行动态调整。农业农村部印发《2019 年农业农村科教环能工作要点》的通知中进一步提出，优化高素质农民培育工程结构，着力建机制、定标准、抓考核，推动培育工作向提质量、增效能、显作用转变。深入实施农业产业精准扶贫培训、农业结构调整专项培训和乡村产业提升培训三大行动，推进农业经理人培育、现代青年农场主培养、新型农业经营主体带头人轮训和农村实用人才带头人培训四大计划，全年培育各类高素质农民不低于100万人。这些都为提升农民的知识技能，提供了有效的保障。

(四) 培育一批"领农"

为农村提供一批优秀的带头人队伍，把培训好带头人作为乡村振兴的一项重要措施。2017年，启动实施了农业部定点扶贫和联系地区产业发展带头人轮训计划以及环京津贫困地区万名脱贫带头人培育行动，为湖北恩施、湖南湘西、贵州毕节、大兴安岭南麓等地区及环京津贫困地区培训各类带头人近4 000人，为强化贫困地区脱贫致富的人才支撑发挥了积极作用。2019年，农业农村部和教育部发布《关于做好高职扩招培养高素质农民有关工作的通知》(农办科〔2019〕24号)，提出要全面完成2019年高职扩招培养高素质农民任务，在此基础上经过5年的努力，培养100万名接受过学历职业教育、具备市场开拓意识、能推动农业农村发展、带领农民增收致富的高素质农民，形成一支留得住、用得上、干得好、带得动的"永久牌"乡村振兴带头人队伍。重点培养现职农村"两委"班子成员、新型农业经营主体、乡村社会服务组织带头人、农业技术人员、乡村致富带头人、退役军人、返乡农民工等。优先招录具有培训证书、职业技能等级证书、职业资格证书、农业职称的农民和农业广播电视学校学员在内的中职毕业生。通过扶持和培养农村带头人队伍，为乡村振兴的发展提供一支开拓队伍。

二、乡村人才评价政策

在加强对乡村人才培养的基础上，政府也出台了一系列对乡村人才评价和认定的政策。2015年，农业部印发了《关于统筹开展新型职业农民和农村实用人才认定工作的通知》，提出要把新型职业农民作为农村实用人才认定的重点，把生产经营型职业农民作为新型职业农民认定的重点，兼顾专业技能型和专业服务型职业农民，全面推进以新型职业农民为重点的农村实用人才认定管理。对生产经营型职业农民进行认定管理和新型职业农民证书发放管理，鼓励专业技能型和专业服务型职业农民参加国家职业技能鉴定，全面推进以新型职业农民为重点的农村实用人才认定管理，将现有扶持政策更加精准地落实到职业农民头上。鼓励有条件的地方探索建立初、中、高三级认定制度。加快研究出台新型职业农民扶持政策清单，把强农、惠农、富农政策与高素质农业生产经营者挂起钩来。各地在实践中积极探索，如浙江省将通过职业技能鉴定的新型职业农民纳入农业系列职称的评审范围，全省有 43 名新型职业农民于 2017 年获得了高级职称；陕西省实行省级认定高级、市级认定中级、县级认定初级的新型职业农民认定制度。建立农村实用人才调查统计制度，于 2015 年完成了全国范围第四次农村实用人才统计调查，基本摸清了农村实用人才队伍家底。

同时，农业农村部也针对乡村人才培训体系进行了相应的考核和评价，并提出了相应的完善机制。例如，自 2016 年起，农业农村部每年发布《全国新型职业农民培育工作绩效考核指标体系（试行）》，并依此全面开展绩效考核工作。自 2017 年起，对培训教师、培训班组织和培训效果实行线上考核，考评结果进行通报，并与下一年新型职业农民培育任务资金安排、评优奖励挂钩。农业农村部印发的《农业农村部办公厅关于做好 2018 年新型职业农民培育工作的通知》（农办科〔2018〕17 号）也提出，各地要明确标准和程序，科学遴选培育机构，统筹利用好农业广播电视学校、涉农院校、农业科研院所、农技推广机构、农民专业合作社、农业龙头企业等各类资源。充分发挥农民科技教育培训中心等专门机构作用，开展需求调研、培训组织、过程管理和延伸服务等工作。支持鼓励农民专业合作社、农业龙头企业等市场主体参与培育工作，健全完善激励约束机制，采取政府购买服务等方式给予相应补助，鼓励市场主体建设实训基地和农民田间学校等教育培训场所，为职业农民提供各类便捷服务。开展农业职业经理人培训工作的省份要严格遴选培训机构，严把师资和质量关。

三、乡村人才保障政策

为了确保乡村人才能够安心留在农村，相关部门陆续出台了一系列政策和条例，为乡村人才在农村的发展提供社会保障，不断健全完善相关扶持政策。一是农业保险方面，逐步扩大对高素质农民的农业保险范围。目前，在全国 13 个粮食主产省、200 个产粮大县启动了大灾保险试点，将新型农业经营主体三大主粮作物保障水平由单保物化成本提升至覆盖土地流转成本。在安徽省黄山市黟县开展"基本险＋补充险＋商业险"多层次高保障试点，进一步将新型农业经营主体保障水平提高至覆盖全部生产成本。二是基本养老保险方面，构建了城镇职工和城乡居民两大基本养老保险制度平台，实现了对社会成员制度的全覆盖，高素质农民参加基本养老保险不存在政策性障碍。三是基本医疗保险方面，建立了全民基本医疗保险制度体系，职工医保、居民医保和新农合 3 项基本医疗保险分别覆盖城镇就业人员、城镇非就业人员和农村居民，高素质农民可按规定参加相应的基本医疗保险并按规定享受相应待遇。四是工伤保险方面，高素质农民群体虽然尚未纳入工伤保险覆盖范围，有关部门下一步将认真研究完善相关政策，建立更加完备的职业伤害保障体系。五是失业保险方面，《失业保险条例》目前正在修订中，将进一步扩大覆盖范围，统筹考虑高素质农民的失业保险，并逐步推进。

国务院办公厅印发的《关于支持返乡下乡人员创业创新促进农村一二三产业融合发展的意见》（国办发〔2016〕84 号）也指出，返乡下乡人员可在创业地按相关规定参加各项社会保险；有条件的地方要将其纳入住房公积金缴存范围，按规定将其子女纳入城镇（城乡）居民基本医疗保险参保范围。返乡下乡创业创新的就业困难人员、离校未就业高校毕业生以灵活就业方式参加社会保险的，可按规定给予一定社会保险补贴。返乡下乡人员初始创业失败后生活困难的，可按规定享受社会救助。持有居住证的返乡下乡人员的子女，可在创业地接受义务教育，依地方相关规定接受普惠性学前教育。

四、信息技术扶持政策

在完善乡村人才的培养机制、评价机制和保障机制等基础上，政府对乡村人才发展的信息技术扶持政策也进行了规定，不断为人才的发展提供科技资源支持。农业农村部办公厅印发《2019 年农业农村科教环能工作要点》的通知提出，要以信息化推动农业科研、推广、教育培训体系间的衔接贯通，以及农业生态环境科学高效的管理。聚集各类农业科技教育资源，强化农业科教云平台支撑服务功能，为各级农业管理部门、科研专家、推广人员和广大农民提供资源共享、供需对接、成果速递及管理考核等服务，推动信息互通、管理互联、实时互动，提升农业科教工作信息化水平。构建农业生态环境管理信息化系统，建立集数据收集、分析、监测预警、综合决策于一体的大数据综合管理平台，实现各级各类管理部门之间的互通互联和信息共享，提高政府公共服务水平和生态环境保护管理能力。

具体而言，一方面，加强农技推广体系建设与改革。在改革中进一步强化基层农技推广体系建设，改善条件、创新手段，充分履行好公益性职能。建立公益性推广和经营性服务融合发展机制，支持农技人员进入家庭农场、合作社、农业企业，提供技术增值服务并合理取酬，提高人员收入。完善农技推广补助项目绩效管理，强化集中考评、网络直播、线上抽查、实地核查，实现全程全覆盖。充分发挥"中国农技推广"App 作用，实现专家、农技人员和农民在线互动。自 2017 年开始，农业农村部整合构建全国农业科教云平台，为高素质农民提供在线学习、在线咨询、成果速递和线上考核等服务。积极组织专家、教师和农技服务人员上线服务，探索农业专家和农技推广人员通过在线服务职业农民获取相应的奖励与激励。将"云上智农"App 和"农业农村部新型农业经营主体直报系统"应用纳入培训课程，通过信息化手段推动小农户衔接现代农业，全面提升农民信息化应用水平。截至 2018 年，云平台已经拥有上线专家和农技推广人员 34 万多人、高素质农民 100 多万人，上线课程视频 1 000 多个，有效解答农民问题 100 多万条。此外，教育部门建设"城乡大课堂"学习平台，提供包括高素质农民培训在内的 8 000 多门课程资源，促进时时、处处、人人学习的资源共建共享。

另一方面，也要提高农技推广队伍素质与能力。完善分级分类培训机制，对全国 1/3 基层农技人员进行不少于 5 天脱产业务培训，培育万名农技推广骨干人才。支持农技人员在职研修，优化知识结构，增强专业技能。支持各地通过"定向招生、定向培养、定向就业"方式，引导鼓励农科毕业生到基层开展农技推广服务。支持和鼓励科研院校、企业、社会化服务组织等开展农技推广，完善"一主多元"农技推广服务格局，构建政产学研推用"六位一体"推广新机制。根据国务院办公厅印发的《关于支持返乡下乡人员创业创新促进农村一二三产业融合发展的意见》，支持返乡下乡人员投资入股，参与信息进村入户工程建设和运营，可聘用其作为村级信息员或区域中心管理员。鼓励各类电信运营商、电商等企业面向返乡下乡人员开发信息应用软件，开展农业生产技术培训，提供农资配送、农机作业等农业社会化服务，推介优质农产品，组织开展网络营销。面向返乡下乡人员开展信息技术技能培训。通过财政补贴、政府购买服务、落实税收优惠等政策，支持返乡下乡人员利用大数据、物联网、云计算、移动互联网等新一代信息技术开展创业创新。

五、创新创业扶持政策

农业农村部印发的《关于大力实施乡村就业创业促进行动的通知》（农加发〔2018〕4 号）提出，力争到 2020 年，培训农村创业创新人才 40 万人，培育农村创业创新带头人 1 万名，宣传推介优秀带头人典型 300 个；培育 100 名国家级、1 000 名省级和 1 万名市县级农村创业创新导师；建设 300 个国家农村创业创新园区（基地）、100 个全国农村创业创新人员培训基地。建立促进就业创业的政策体系、工作体系和服务体系，促进乡村就业创业规模水平明显提升。

第一，简化返乡人员创新创业流程。根据国务院办公厅 2016 年印发的《关于支持返乡下乡人员创业创新促进农村一二三产业融合发展的意见》（国办发〔2016〕84 号），要落实简政放权、放管结合、优化服务等一系列措施，深化行政审批制度改革，持续推进商事制度改革，提高便利化水平。落实注册资本认缴登记和"先照后证"改革，在现有"三证合一"登记制度改革成效的基础上，大力推进"五证合一、一照一码"登记制度改革。推动住所登记制度改革，积极支持各地放宽住所（经营场所）登记条件。县级人民政府要设立"绿色通道"，为返乡下乡人员创业创新提供便利服务，对进入创业园区的，提供有针对性的创业辅导、政策咨询、集中办理证照等服务。对返乡下乡人员创业创新免收登记类、证照类等行政事业性收费。采取财政贴息、融资担保、扩大抵押物范围等综合措施，努力解决返乡下乡人员创业创新融资难问题。稳妥有序推进农村承包土地的经营权抵押贷款试点，有效盘活农村资源、资金和资产。加大对农业保险产品的开发和推广力度，鼓励有条件的地方探索开展价格指数保险、收入保险、信贷保证保险、农产品质量安全保证保险、畜禽水产活体保险等创新试点，更好地满足返乡下乡人员的风险保障需求。

第二，围绕打造园区促进就业创业。《关于支持返乡下乡人员创业创新促进农村一二三产业融合发展的意见》（国办发〔2016〕84号）指出，依托现有开发区、农业产业园等各类园区以及专业市场、农民合作社、农业规模种养基地等，整合创建一批具有区域特色的返乡下乡人员创业创新园区（基地），建立开放式服务窗口，形成合力。支持中高等院校、大型企业采取众创空间、创新工厂等模式，创建一批重点面向初创期"种子培育"的孵化园（基地），有条件的地方可对返乡下乡人员到孵化园（基地）创业给予租金补贴。《关于大力实施乡村就业创业促进行动的通知》（农加发〔2018〕4号）进一步提出，动态跟踪1 096个全国农村创业创新园区（基地）运营情况，及时更新园区（基地）目录，确认一批农村创业创新人员培训、实训、见习、实习和孵化基地，不断提升培育质量；加强与各类创业创新基地的交流合作，建立共享共赢机制，适时开展督促、检查和第三方评估。

第三，围绕发展特色产业促进就业创业。支持发展农产品初加工、精深加工、综合利用加工、主食加工、休闲旅游、电子商务等优势产业，鼓励发展特色农业、传统民俗民族工艺、手工编织、乡村特色制造、乡土产业、养生养老、科普教育和生产性服务业等乡村特色产业，指导发展分享农场、共享农庄、创意农业等，培育发展家庭工厂、手工作坊、乡村车间，鼓励在乡村地区兴办环境友好型企业，实现乡村多元化就业创业。国务院办公厅于 2016 年印发的《关于支持返乡下乡人员创业创新促进农村一二三产业融合发展的意见》（国办发〔2016〕84 号）也指出，要通过承包、租赁、入股、合作等多种形式，领办创办家庭农场林场、农民合作社等新型农业经营主体；通过组建创业团队、产业联盟，开辟创业空间；通过发展电商平台，实施"互联网＋"现代农业行动，开展网上创业；通过发展股份合作制、股份制和合作制企业等形式，培育产权清晰、利益共享、机制灵活的创业创新共同体。

第四，推动产业融合，促进就业创业。《关于支持返乡下乡人员创业创新促进农村一二三产业融合发展的意见》（国办发〔2016〕84号）中提出，鼓励和引导返乡下乡人员，按照全产业链、全价值链的现代产业组织方式开展创业创新，建立合理稳定的利益联结机制。以农牧（农林、农渔）结合、循环发展为导向，发展优质高效绿色农业。实行产加销一体化运作，延长农业产业链条。引导返乡下乡人员向特色小城镇和产业园区等集中，创业创新，培育产业集群和产业融合先导区。《关于大力实施乡村就业创业促进行动的通知》中也指出，积极推广农业内部融合、产业延伸融合、功能拓展融合、新技术渗透融合、产城融合和复合型融合等多种融合模式；支持发展循环型、终端型、体验型、智慧型等农业新业态，推进智能生产、经营平台、物流终端、产业联盟和资源共享等农业新模式；大力引导农业与乡村工艺、制造、文化、教育、科技、康养、旅游、生态、信息等产业深度融合，指导各类园区重点建设融合产业、集群发展和利益联结机制等内容，培育一批农村一二三产业融合发展示范园和先导区，为乡村就业创业提供更多选择和机会。

第五，落实用地用电政策。国务院办公厅印发的《关于支持返乡下乡人员创业创新促进农村一二三产业融合发展的意见》（国办发

〔2016〕84 号）中要求，在符合土地利用总体规划的前提下，通过调整存量土地资源，缓解返乡下乡人员创业创新用地难问题。落实与大众创业万众创新、现代农业、农产品加工业、休闲农业和乡村旅游等相关用地政策。鼓励返乡下乡人员依法以入股、合作、租赁等形式，使用农村集体土地发展农业产业，以及依法使用农村集体建设用地开展创业创新。各省（自治区、直辖市）可以根据本地实际，制定管理办法，支持返乡下乡人员依托自有和闲置农房院落发展"农家乐"。在符合农村宅基地管理规定和相关规划的前提下，允许返乡下乡人员和当地农民合作改建自住房。县级人民政府可在年度建设用地指标中单列一定比例，专门用于返乡下乡人员建设农业配套辅助设施。将城乡建设用地增减挂钩政策腾退出的建设用地指标，以及通过整理农村闲置宅基地新增的耕地和建设用地，用以重点支持返乡下乡人员创业创新。支持返乡下乡人员与农村集体经济组织共建农业物流仓储等设施。鼓励将"四荒地"（荒山、荒沟、荒丘、荒滩）和厂矿废弃地、砖瓦窑废弃地、道路改线废弃地、闲置校舍、村庄空闲地等用于返乡下乡人员创业创新。用于农林牧渔业产品初加工项目的土地，在确定土地出让底价时，可按不低于所在地土地等别相对应的全国工业用地出让标准最低价的 70% 执行。返乡下乡人员发展农业、林木培育和种植、畜牧业、渔业生产、农业排灌用电以及农业服务业中的农产品初加工用电，包括对各种农产品进行脱水、凝固、去籽、净化、分类、晒干、剥皮、初烤、沤软或大批包装以供应初级市场的用电，均执行农业生产电价。

总体而言，国家为乡村人才的发展提供了多方位、多层次的政策保障，立足于在发展乡村本土人才的同时，吸引一大批有志于乡村发展的优秀人才投身中国农村的建设。通过一系列乡村人才培养、保障和资源建设的政策，中国乡村为优秀人才提供了广阔的发展空间，在这片广阔的发展空间必将人才辈出。

案例：乡村建设：聚天下人才而用之

"谁来兴村"一直是困扰农村发展的大问题，要想破解这一难题，我们应想方设法创造条件，让农村的机会吸引人、农村的环境留住人。要推动形成有利于成长成才的培养支持机制、有利于人尽其才的评价使用机制、有利于广纳贤才的引进流动机制、有利于竞相成长的激励保障机制。

"让三百六十行人才荟萃、繁星璀璨"，这是《政府工作报告》提出的要求。然而，长期以来我国农村劳动力总体素质不高，青壮年劳动力留农务农内生动力总体不足，引才难、留才难成为制约农村发展的突出短板。对此，2019年的中央1号文件要求，把乡村人才纳入各级人才培养计划予以重点支持。加强农村人才队伍建设的呼声日益高涨。

"十年树木，百年树人。"尽管农业农村人才政策体系不断完善，但人才队伍建设不可能一蹴而就，需要长期稳定投入。专家认为，要把农村人力资本开发放在首要位置，汇聚全社会力量，打造强大的乡村振兴人才队伍。让愿意留在乡村的人留得安心，让愿意回报乡村的人更有信心。

一、直面农村人才"缺血"

经济日报·中国经济网记者在各地采访时，听到最多的就是"农村缺人才、缺能人"。多位中西部地区村支部书记说，随着大量农村人口转移进城，农村留不住人、人才少的问题越发突出。城市化进程、高校扩招等让农村人有了更多选择，乡村人才向非农领域流失现象严重。他们表示，中西部地区乡村人才资源尤其不足，从事农业科研、技术推广和经营管理的乡村人才主要集中在行政机关、事业单位、企业或高校，在乡村基层极度缺乏。

不仅数量不足，结构也让人担忧。农业农村部农村经济研究中心助理研究员高鸣表示，乡村人才梯队存在断层，即高层次、高素质人才普遍短缺，中级、初级专业技术人才相对数量较多；传统学科人才较多，新兴学科人才较少；单一生产型、技术型人才较多，复合型、创新型人才数量较少。从高素质农民受教育程度分析，呈总体文化程度不高，以初中文化程度为主的特点。

面对乡村人才困境，国家不断加大对农村实用人才、高素质农民、大学生"村官"、科研杰出人才等各类乡村人才队伍的培养。目前，全国农村实用人才总量突破 2 000 万人，其中高素质农民超过 1 500 万人，提前实现了国家中长期人才发展规划目标。全国农业科研人才总量达到 62.7 万人，农技推广机构人员近 55 万人，农业领域两院院士达到 166 人，为加快农业科技创新提供了重要支撑。

"以前做农业农村工作，更多的是考虑人往哪里去。现在要重点考虑人从哪里来，吸引各方人才到乡村广阔天地大显身手。"原农业农村部部长韩长赋表示。同时，他认为破解"谁来兴村"问题，关键是要想方设法创造条件，让农村的机会吸引人、农村的环境留住人，培养造就一支高素质农业农村人才队伍，改善农村人力资源结构。要推动形成有利于成长成才的培养支持机制、有利于人尽其才的评价使用机制、有利于广纳贤才的引进流动机制、有利于竞相成长的激励保障机制。

二、培育乡村本土人才

"要激发内生动力，从乡村内部培育更多人才。"韩长赋认为，进一步加大本土人才培育力度，既要在"培"上下功夫，不断创新培养方式、拓展培养渠道、完善培养机制，满足他们的理念、知识、技能提升需求；也要在"育"上做功课，坚持在资金投入、要素配置、制度供给、公共服务等方面优先保障，让他们务农有尊严、干事有平台、成功有褒奖、失败有保障，真正让农民成为有吸引力的职业。

强化教育培训，让乡土人才有技能。初春时节，山东省高青县逢军农民田间学校的开春第一课，在西瓜大棚内开讲。主讲人段逢军是远近闻名的"西瓜哥"，他种的西瓜产量高、品质优。县里在他的基地建起了田间学校。县农业农村局局长苗光勇介绍，县里建立了农村实用人才信息库，每年评选表彰乡村之星，依托田间学校培养了一批致富带头人。如今，全县已有 5 所省级以上的高素质农民示范站。

强化资金扶持，让乡土人才有保障。江苏省农业农村厅副巡视员黄非说："省里实施乡土人才'三带'行动工程，鼓励乡土人才领办创办新型经营主体。"省财政每年安排 1 亿元专项资金，支持高素质农民、乡土人才等培育，支持乡土人才创建"一村一品一店"。同时，注重从生产能手、能工巧匠、民间艺人中发现优秀乡土人才，按一定比例评选，并给予农资装备、贷款补贴、技术服务等奖励。

时任农业农村部科技教育司司长廖西元介绍，近年来国家推进农业技术人员职称制度改革，完善以高素质农民为主体的农村实用人才评价制度，配合推进职业资格认定制度改革，引导农业农村人才到乡村一线建功立业。浙江、山西、湖南等省份积极开展高素质农民职称评定试点，北京、陕西、青海等省市制定农村实用人才等级评定办法。截至 2019 年，全国共有 1.12 万人获得农业技术推广研究员任职资格，超过 488 万人次取得国家职业资格证书。

三、吸引各类人才下乡

"要汇聚外部力量，引导各类人才投身乡村建设。"韩长赋表示。即要推动建立城乡人才顺畅流动的体制机制和政策体系，融会贯通城乡的社会保障体系，畅通智力、技术、管理下乡的通道，引导外出农民工、退役军人、农村大中专毕业生等返乡创业创新，吸引社会各类人才支持服务乡村，借东风、引外力、注活水，做到"聚天下人才而用之"。

近年来，江西省赣州市定南县出台了"人才新政 36 条"等措施，大力实施"人才回归"工程；以亲情乡情为纽带，调动新乡贤的积极性，推动人才回乡创业兴业。2016 年，本是广州威典环保科技有限公司董事长的郭铁成带着技术团队回家乡定南县创建了一家环保科技公司，共建设了 8 座村镇智慧环保处理站，日处理生活污水 2.7 万吨，惠及 2.5 万村民。

目前，全国返乡下乡人员累计超过 780 万人，其中大中专以上学历的占 40% 以上。他们既有经营头脑，又有创业热情，为农业农村发展注入了新活力。时任农业农村部乡村产业发展司司长曾衍德表示，浙江省实施了"农创客"计划，广东省加快了培育乡村能工巧匠。全国通过实施农村创新创业促进行动，引导人才返乡创业兴业，建设了 1 000 多个农村创业创新园区，带动大量农民就地就近就业。

时任山西农业大学农学院副院长马瑞燕认为，各地要进一步强化政策创设，为农业农村人才提供更宽松的环境。加强引导农业农村发展急需的教育、卫生、科技、文化方面的人才支援乡村建设，研究制定鼓励城市专业人才参与乡村振兴的政策，积极实施大学生"村官""第一书记""三支一扶"等人才计划，鼓励高校毕业生到乡村工作或提供服务。

第二节　获取政策的渠道与方式

为了提升基层对乡村人才政策的落实程度，首先应该保证基层能够通过有效的渠道获取乡村人才政策。政策由制定者向实施者和受众传递的过程中，往往经历着多种传输渠道和媒介。随着信息传播方式的不断拓展和科学技术的快速发展，政策传播也从原有的通过组织传播的政策上传下达，发展为结合新媒体和人际传播等多种形式的传播体系。政府希望通过多种传播渠道的组合，不断扩大乡村人才扶持政策的辐射程度，让更多的农民能够知晓组织制定的人才政策，并从政策的实施中获得切身利益。总体而言，乡村人才政策的获取可以通过组织传播渠道、大众媒介传播渠道和人际传播渠道 3 种方式来获得。组织传播渠道是正式的传播途径，通常以书面的形式传达；大众媒介传播渠道则是以互联网为主体的多种媒介传输途径，目前也成为政策传达的重要途径；而人际传播渠道则是政策传递的非正式途径，通过人与人之间的互动和交流进行传递，是扩大政策覆盖面的主要路径之一。

一、组织传播渠道

组织传播渠道是乡村人才政策传递的主要渠道，政府通过正式的书面文件逐级下发，基层部门通过正式的会议等形式将政策内容传达给群众。总体而言，乡村人才政策可以通过两种组织传播形式传达：第一，是政策制定者与基层实施者之间的信息传递，主要是政府政策制定部门以书面形式，包括文件、报告、信件等方式，以及会议、电话、组织内公共媒体等传到基层部门；第二，是基层部门向农民群众的传达和解读，承接政府之外的政策传递过程，是将基层部门收到的乡村人才政策在农村里的广泛传播，主要形式是会议和广播。组织传播渠道一般都采用正式的书面文件或会议等形式，通过政策信息的学习和讲解，帮助基层干部和农民获得组织实施的乡村人才政策信息。组织传播渠道是获得政策信息的最主要途径，因此，基层干部应该对组织正式下发的文件进行认真学习和解读，从组织下发的政策文件中获得最新的人才政策信息，帮助广大农户解决在学习和实践中遇到的现实问题。另外，基层干部也可以通过参加正式的会议或学习班等机会，增进对人才政策的理解。认真学习专家对于相关政策的解读，更深层次理解各项人才政策，为向农户进行政策传达做好前期准备。

二、大众媒介传播渠道

大众媒介传播渠道包括以电视、报纸和广播等为代表的传统媒介传播渠道，以及以互联网、手机等为代表的新媒体传播渠道。当前，在广大农村地区，报纸、杂志、书籍、电影、广播、电视等传统媒介仍然是农民获取政策信息的主要途径，成为乡村人才政策传播的重要途径。通过电视新闻可以获得关于政府制定的人才政策信息，并加深对乡村人才政策信息的理解。例如，中央电视台新闻频道和农业农村频道等会对最新的乡村人才政策进行宣传和解读，并通过多种节目帮助农民理解政策的实施目标和主要内容。另外，是以互联网和手机为主的新媒体信息传播形式，由于互联网和手机获取的政策信息时效性强、可信度高、信息量大，这种形式目前已成为基层干部和农民获取政策信息的主要途径之一。政府也通过不断拓展新媒介的运用，增加农民获取乡村政策的可能性。例如，通过手机 App 获取更多的政策信息，通过"云上智农"App 和"城乡大课堂"学习平台，获取包括高素质农民培训在内的 8 000 多门课程信息和资源。当然，也可以通过登录中国政府网，以及农业农村部、人力资源和社会保障部及教育部等官方网站获取权威和及时的乡村人才政策信息，也可以学习其他地区政策实施的先进经验，为更好地宣传和落实政策奠定基础。

三、人际传播渠道

人际传播渠道是在组织传播渠道、大众媒介传播渠道之外的另一项重要的政策获取途径，这种形式主要是通过非正式的人际交流与互动的形式获得政策。如果仅依靠组织传播渠道和大众媒介传播渠道，基层干部和农民可能无法完全理解乡村人才政策的目标和内容。而人际的沟通与互动则为乡村人才政策的传播提供了更为广阔的空间，有利于乡村人才政策的渗透和落实。一方面，基层干部和农民可以多多参与同行业的学习和交流活动，学习其他地区的典型经验，在这个过程中与大家交流对于乡村人才政策的理解和实施情况，以及在其中遇到的困难和解决策略，从而更有效地宣传乡村人才政策；另一方面，在乡村内部，农户之间也可以对最新出台的人才政策进行交流，尤其是向那些率先受到人才政策扶持的农户学习，了解他们政策的落实情况以及所享受到的人才政策。例如，如果农民想了解职业教育方面的扶持政策，可以向参加过这方面培训的农民咨询，可以获得更为直观和全面的信息。人际传播渠道为乡村人才政策的传播提供了更多经验借鉴的途径，也为政策实施者解决问题和困难提供启示。

　　总体而言，组织传播渠道、大众媒介传播渠道和人际传播渠道构成了基层获取乡村人才政策的主要途径，各自发挥着信息传播和资源共享的重要作用。在寻求人才扶持政策时，可以通过多种媒介的组合和互补。例如，通过大众媒介传播渠道增进对组织传播政策的理解，通过人际传播渠道获得更直接和便利的政策解读。充分发挥好不同渠道的政策传达作用，可以帮助基层干部和农民更深刻地理解乡村人才政策的重要意义。

案例：河北邯郸市"四个创新"
促进理论宣传深入人心

　　2019 年以来，河北省邯郸市开展了"畅谈新时代·我有心里话"主题宣讲活动。自 2018 年 7 月 9 日起，邯郸市广播电视台新闻频道推出一档以微视频宣讲为形式的全新栏目"畅谈新时代·我有心里话"。截至 2019 年，共录制微视频 200 余期，制作播出 37 期，直接及间接受众达数百万人次。此次主题宣讲活动是立足新时代，创新宣讲手段，回应社会关注和群众期盼积极探索，是宣传工作队伍党员干部自觉承担起举旗帜、聚民心、育新人、兴文化、展形象使命任务的一次有益实践。

　　思路创新，紧扣基层理论宣讲工作特点。新媒体时代，大量新媒体不断涌现，在复杂的舆论形势下，如何快速有效、全方位地传播党的声音，是宣传部门面临的一个新课题。党的十九大召开后，在认真开展大规模集中宣讲的基础上，邯郸市一直在积极探索更好地推动习近平新时代中国特色社会主义思想和党的十九大精神深入基层、深入人心的新思路、新创意、新方式、新手段。经过多次研讨、谋划，"畅谈新时代·我有心里话"微视频主题宣讲活动应运而生。活动由河北省社会科学院、邯郸市委宣传部、市委讲师团、市直机关工委、市广播电视台联合主办，以微视频征集展播为形式，按照征集、推优、展播、总结推广的步骤广泛开展。以宣讲新时代新思想为主要任务，以高质量发展、乡村振兴、改革惠民、精准扶贫、创新创业、文明邯郸等为主题，在用好广播电视主流媒体的同时，通过3分钟左右的短视频宣讲，从"微视角"让更多的基层干部群众用身边的典型事例和真实感受，讲好新时代邯郸成就和邯郸故事，展现全市干部群众的生动实践和精神风貌，为新时代建设富强邯郸、美丽邯郸，营造向上向好的社会舆论氛围。

内容创新，紧抓基层群众精神文化需求。理论宣讲是党的创新理论宣传贯彻落实到基层一线重要手段，同时也是服务基层群众的重要方法，宣讲内容是核心与灵魂。为解决好基层群众在精神文化上，特别是理论方面最急、最盼的现实需求，"畅谈新时代·我有心里话"微视频宣讲活动在内容上从大处着眼、从小处入手，以学习感悟和工作实践为切入，通过微视频的方式为基层干部群众提供更好、更多的理论服务。把宣讲的内容"落细、落小、落实"，将习近平新时代中国特色社会主义思想和党的十九大精神传达到基层，让宣讲与群众更贴近。通过微视频宣讲员具体的宣讲案例，生动感人的身边故事，无私奉献的职业追求，立足新时代勇于作为、敢于担当的崭新形象这些新内容，把党的理论和路线方针政策的宣传阐释，如春风细雨般融入基层干部群众的心田中，融入日常文化活动中，使党的理论和路线方针政策具象化、形象化，既丰富了基层干部群众的精神文化生活，又传播了新思想，树立了新风尚。

手段载体创新，拓展基层宣讲工作覆盖面和影响力。当前，信息传播已进入即时性、交互性、平等性、可视性的微时代，对理论宣讲的载体手段提出了新要求。微视频是近年来兴起的一种新的信息传播手段，具有"短、精、快"特点。此次微视频宣讲活动，突出在"微"字上下功夫，侧重"微宣讲""微阐释""微互动"，突出可视性、纪实性、生动性的特点，以对象化"对焦"、分众化"滴灌"、互动化"润色"的宣讲方式，增强了宣讲的吸引力和感染力，满足了在新的信息传播形式下，不断拓展基层宣传思想工作覆盖面和影响力。制作完成后，微视频在邯郸市广播电视台新闻栏目及邯郸市广电微信公众平台进行首播，并同步在邯郸市同心圆微信矩阵、河北省共产党员网、长城网、河北省社会科学院网站和邯郸发布、邯郸市委讲师团微信公众平台等进行推送展播，社会反响热烈，关注度持续提升。

话语方式创新，提升理论武装工作质量水平。在组织开展的微宣讲活动中，微视频的主讲人既有一线执勤的交警，也有每天忙碌在病房的护士；既有立足唱响家乡戏，为家乡人民带来更多文艺精品的文化工作者，也有悉心保障市民出行更安全、更舒适的公交车司机。主讲人覆盖与群众、民生密切相关的多个行业的干部职工，通过他们各自独有的话语方式，把上级精神，用通俗易懂、贴近生活的大众语言表达出来，把抽象的概念、高深的理论转化为平实质朴鲜活的语言、深入浅出的道理，用普通群众能听懂、愿意听的"地方土话""乡间俚语"表达出来。这些主讲人用最平实的语言讲述奋斗新时代的心路历程，用最平凡的故事为大家带来最贴近、最温暖的感动，通过这种话语方式转换，用基层群众听得懂、悟得透、用得上的表达方式，将博大精深的党的创新理论转化为简明通俗的内容，最终为群众所接受、认同和运用，推动了党的创新理论"进企业、进农村、进机关、进校园、进社区、进军营"。

第三节　如何宣传扶持政策

农村基层组织获得乡村人才政策后，如何有效地向农民宣传人才政策也是基层干部要面临的一项重要任务。乡村人才政策宣传是政策执行阶段的环节之一，对于政策的落实起到显著的影响。通常而言，政策宣传一般由正式渠道和非正式渠道两方面共同构成。其中，正式渠道是指通过正式组织程序、按组织规定的渠道所进行的信息沟通，如组织传播、媒介宣传、会议制度、汇报制度等；另一类属于非正式渠道，指通过正式组织程序以外的多种渠道进行的宣传形式，如群众之间的互相沟通交流、网络传播和榜样学习宣传等。在宣传扶持政策时，首先应明确乡村人才政策宣传的主要渠道，了解每种渠道的主要特点，然后掌握乡村人才政策宣传的主要技巧和方法，从而更有效地宣传乡村人才政策。

一、乡村人才政策的宣传渠道

（一）政策学习与辅导

政策学习与辅导是一种典型的正式宣传形式，一般是通过正式的文件上传下达进行宣传。在政策学习里，一般分为两种主要的形式。

第一种是通过会议对人才扶持政策的主要精神进行传达，主要是结合政策的实际内容，以及工作、群众思想和生活的实际，组织开展的学习教育活动。从新中国成立初到改革开放，为了宣传中央的新政策、新方针，各级政府都会开设一系列的正式会议来进行宣传。动员大会形式多样，如全体干部会议、全体职工动员大会等大型的动员会议；也有家庭内部动员、小组内动员会议、政治理论学习班等灵活动员会议模式。例如，山东省临沂市黄山铺镇抽调经济贸易办公室、招商办公室等部门人员成立人才政策宣讲团，深入沂水沂清环保能源有限公司宣讲人才政策，推介相关人才扶持政策、创新创业政策、平台载体政策和服务保障政策，对引进人才补助细则、企业引才用才奖励操作细则等内容进行了深入解读，从而提高企业对人才政策的知晓度。同时，也可以辅助一些多样化的宣传措施，提升宣传力度。例如，天津市南开区印制了 12 000 本人才引进政策宣传册，内容包括人才"绿卡"办理、"千人计划"资金拨付、外国人来华工作、留学回国人员手续办理等近 30 项窗口公共服务事项，详细列举了政策的主要内容和实施程序，帮助人才和企业都能够更加有效地了解政府实施的人才政策。

除此之外，第二种政策学习的主要形式为针对性的辅导，主要是针对一些重要的群体（如意见领袖）进行互动式的辅导，可以是一对一，也可以是一对多的形式。这是针对具有一定影响力的个体、群体或者对政策存在质疑和问题的群众，进行的政策辅导活动。这种辅导形式能够更加及时地获得重要群体对政策的反馈，可以提前对可能遇到的问题进行准备，帮助农民准确地认识乡村人才政策。目前，这种传播方式仍然是多数农村宣传人才扶持政策的主要形式，这种形式更为正式化和规范化，能够增强群众对政策的重视程度，信息发生失真的可能性也相对较低，时效性和准确性较高，存在明显的优势。但同时，这种正式传播的方式也可能存在灵活性较低的问题，如果政策宣传者不注意对政策的解读，可能造成百姓无法理解政策的公文性语言，失去对人才政策的关注度和兴趣。因而，在运用这种形式的时候，可以综合结合其他的宣传方法。例如，结合对典型案例的引用和解读、通过观看宣传片视频以及小组讨论等形式，辅助政策的正式宣传途径。同时，基层部门也可以建立乡村人才政策库。认真梳理当前主要的乡村人才政策，以电子表格形式建立政策数据库以供随时查询，为后续开展政策宣传和咨询服务工作奠定基础。

（二）新闻媒介的传播

新闻媒介是乡村人才宣传的主要途径，农民可以通过观看新闻和报纸等，了解政策最新的人才扶持政策。政府也通过新闻媒介，向百姓传播最为直接和权威的人才政策。新闻媒介历来都被作为政策传播的重要渠道，各级党报和广播等新闻媒体既是宣传鼓动的主阵地，又承担着政治教育的任务。政府运用大众传播媒介来宣传国家的政策方针和时事政治。因此，通过多种形式的新闻媒介传播乡村人才政策，已成为当前政策宣传的核心渠道之一。政府可以通过组织农民收看中央电视台农业农村频道、新闻频道解读相关政策的栏目，以及通过广播宣传最新人才政策等方式，来增加农民对于人才政策的理解。例如，辽宁省鞍山市在鞍山新闻媒体开设"广纳英才促振兴""全球鞍山人""尊重人才鼓励创造""父母眼中的娇子"专栏，宣传报道为鞍山市经济社会发展作出重大贡献的各类专家人才40余人、具有家乡情怀的鞍山籍优秀人才20余人、青年人才典型近10人。基层部门可以对相关政策的宣传和解读栏目进行系统收集整理，通过开全体会议等活动组织农民集中收看相关栏目，也可以将报纸上发布的相关政策及其解读的信息，通过广播向农民进行传达，帮助农民获取最为及时的信息。同时，还有一些关于乡村人才政策实施过程中的典型案例，可以作为基层干部宣传政策的重要参考和依据，向农民进行播放或讲解，增加农民对政策的感性认识。

（三）网络传播

网络传播现在已成为政策宣传的一项重要载体，数字化技术的发展为政策宣传提供了越来越多的媒介资源。网络传播媒介的丰富化为更多的群体和组织成为可互动的沟通者提供了基础条件。同时，网络媒介的发展也为人们主动地进行信息收集、处理和传输提供了极为便利的条件，有助于提高政策宣传的质量和效率。当前，许多农民都可以运用互联网和手机，自主地查询政策信息，接收相关短信和推送。因此，基层政府要善于运用网络传播的便利性，采用开通微信公众号和短信平台等形式，帮助农民了解多元化的人才政策资源。例如，江西省信丰县开通了"365 城乡居保业务查询系统"和"365 短信平台"，参保群众只要输入自己的姓名和身份证号，即可在网上查询自己的参保信息。江西省龙南市建立了利用互联网发送手机短信、彩信功能的信息服务平台"一信通"，参保群众在第一时间知晓缴费时间和缴费情况，到龄群众在第一时间知晓如何办理待遇领取。辽宁省鞍山市人才工作办公室已经拥有认证的官方微信公众号、微博、抖音、今日头条号 4 个自媒体平台。其中，"鞍山市人才办"官方微信公众号已吸引近 3.5 万名粉丝关注，单条消息最高阅读量近万次。为了宣传相传人才政策，基层政府也可以充分整合互联网和手机信息等资源，定期运用公众号、短信和微信群推送等方式，扩大人才扶持政策的影响力和覆盖面。

（四）人际传播

人际传播在当前农村的政策宣传工作中，仍然是一项行之有效的方式和路径，这也与我国农村的现实情况和人际特征有着密切的关系。现阶段农村的主要人际关系仍是亲缘熟人关系。从血缘到亲缘，以自己为核心推出的"熟人"社会关系圈子，对于中国的人际互动而言，已经是经历几千年的世代相袭、潜移默化、积淀成为一种自然而然的经验知识，其所具有的取之不竭的生命力、用之不尽的丰富性和熟悉方便的可操作性，使之成为农村政策宣传的重要前沿阵地。从政策宣传的特征来看，我国农村社会在政策传播的过程中，宣传群体一般由一个或多个"熟人"圈子构成，他们之间拥有友好亲密的关系，相互之间十分熟悉和了解，遇到任何大的问题都会一起面对，有什么事情都会相互交流，尤其是当遇到与大家利益相关的人才政策信息之时，基本上都会在短时间内进行相互转告、沟通，直到大家都知道、了解该政策信息。因此，基层干部在宣传乡村人才政策时，应该首先从圈子内的"意见领袖"入手，通过与其反复沟通建立良好的信任关系；然后，通过"意见领袖"对熟人圈子的影响力，帮助熟人圈子内的群体都能够认可并接受乡村人才政策。

此外，人际传播也可以通过群众对榜样的学习和效仿来进行。政策信息传播的过程中也会有"从众效应"，农民的行为会受到周围人的影响。如果有榜样率先了解和掌握了人才引进政策，那么其他农民也会更倾向于学习和接受人才扶持政策。因此，基层干部在进行政策宣传时，可以先从容易接受新政策、新事物的群众开始，逐步扩大宣传范围，以点带面扩大政策影响面。当然，在人际传播的过程中，基层部门也要注意适时地引导和规范，避免人才政策在传播过程中被错误地解读。在群众对乡村人才政策出现疑问或者负面反馈时，要及时作出解释和说明，保证政策的宣传和传播始终符合预期的目标和导向。

二、宣传乡村人才政策应注意的问题

（一）宣传内容和方式要"接地气"

乡村人才政策关系到农民的切身利益，对于农民和农村的发展起到至关重要的作用。因此，农民普遍关注乡村政策的出台与落实情况，希望通过新的政策和制度获得改革和发展的红利。为了增进农民对乡村人才政策的理解，在政策实施过程中，各级干部首先应该运用合理的解读方式，将书面的政策和问卷转化为农民易于理解的"接地气"语言。尽量避免僵化枯燥的官话套话，仔细揣摩政策的内在含义。既要能够准确传达政策的内涵，又要增进农民对政策的接受程度。根据问题导向的原则，引用现实的案例，让农民听得懂、信得过、用得上。此外，乡村干部宣传政策的方式也要"接地气"。尽量走进百姓中间，采取互动的方式帮助百姓理解政策的目标和内容。例如，可以采取入户走访的方式，了解农民对政策的现实需求。"拉拉家常、喝杯茶、暖暖心"应成为常态，与农民谈谈生产和生活中亟须解决的问题，结合相关政策和制度给出建议。在聊天中进行政策引导，在拉家常中了解群众诉求，工作与生活交融在一起，往往能起到意料之外的效果。

（二）结合农民的心理特点制定宣传策略

政策宣传的效果直接受到群众心理特征因素的影响与制约，在乡村人才政策的宣传过程中，农民的心理特点同样对政策的宣传效果产生重要影响。因此，为了有效地宣传相关政策，在宣传过程中应该充分考虑农民的心理特点，并据此采取相应的宣传办法，这样可以增强政策的说服力、感染力和吸引力。威信效应、投射效应和从众效应等心理效应同样可以运用到农村政策宣传中来。例如，可以利用威信效应，采取以点带面的宣传方法，选取村里权威性和可靠性都比较强的人作为宣传对象，再通过他们向全村宣传农村政策，这样比直接宣传农村政策更容易得到村民的接受。同样，在政策宣传时，宣传者也可以采用从众效应，先向容易理解和接受政策的群体宣传；其他群体也会模仿和参照他们的行为，更容易让所有群体都理解和支持政策的落实，并从政策的实施中获益。

此外，在向农民宣传乡村人才政策时，也要充分考虑到不同农民之间的个体差异，有针对性地采取不同的办法。例如，有的农民乐于接受新鲜事物，敢于冒险和创新，在宣传政策时可以首先针对这些群体进行宣传，在他们接受政策后再向其他群众进行传播和宣传，借助他们的榜样作用来带动其他村民；有的农民个性比较保守，不愿意贸然尝试新的制度和政策，排斥新鲜事物，对于这些农民可以采取逐步沟通的方式，了解他们主要关心的切身问题，帮助他们消除顾虑，学会运用相关的人才政策提升和发展自己。同时，也要注意针对不同主体的沟通方式，注意运用有效的倾听和互动方式，建立与农民之间的信任感，了解他们的诉求，真心为他们提供有效的政策解决问题。这样才能够克服沟通障碍，建立有效的政策传播渠道。

（三）整合各种资源加强宣传力度

乡村人才政策的制定与实施具有显著的区域性特点，同样政策的宣传也应该充分结合地域性的特点，善于挖掘当地的特色资源并加以运用，可以有效提升农民对政策的接受程度。在宣传乡村人才政策时，把人才政策与本村的发展规划、特色资源以及村民的切身利益等农村关心的问题结合起来，可以使宣传效果事半功倍。例如，当地具有丰富的文化资源，保留了特色历史文化，可以运用特色文化发展乡村旅游业，也可以运用文化资源吸引大量的返乡人员回乡创业。在宣传乡村人才政策时，可以更加侧重于对返乡人才政策的讲解，并积极落实相关政策，吸引和带动更多人才开发家乡文化资源。对于一些实施过乡村人才吸引政策的地区，可以通过与之前政策的对比，加深农户对新政策的理解。例如，一些农户曾经参加过农民技能的培训，培训中也获得了一定的扶持；在落实高素质农民相关政策的时候，就可以将新政策与老政策结合对比，帮助农民正确认识新的乡村人才政策。

同时，也可以充分运用基层干部或带头人的宣传模范作用，充分发挥基层党员干部的宣传引领作用。基层干部和带头人与农民联系最多、交流最多，对农民认识政策起到重要作用。因此，基层干部要充分发挥自身的作用，宣传好乡村人才政策：一是准确把握乡村人才政策，俗话说"打铁还需自身硬"，只有在宣传政策之前认真吃透政策的内涵，才能更好地帮助农民解决现实问题，让农民能够享受政策带来的福利；二是开好群众会。我们党的事业是"从群众中来，到群众中去"，开好群众会是每个基层党员干部的"必修课"，开群众会要仔细推敲、尊重群众、"接地气"、不带个人主义。充分运用群众会，倾听农民的声音，宣传乡村人才政策，通过群众会与农民互动促进政策的宣传与落实，提升政策的影响力和辐射面。

除此以外，还要充分发挥乡村内能人和有影响力的村民的带动宣传作用，如乡村医生、教师和文化能人等。乡村医生和教师长期生活在农村，经常分布在群山村落之中；同时，他们相对普通村民接受过更高层次的教育。通常而言，乡村医生、乡村教师自身也生活在农村，他们了解农村需求的人才政策。此外，乡村医生在长期行医过程中治病救人，成为许多村民的"恩人"，具有较好的群众基础，在村民中具有较高的威望。乡村教师在长期任教中，村子里很多都是自己的学生，受人尊重（李伟，2018）。为此，乡村医生和乡村教师作为农村中十分有影响力的村民，基层干部在进行政策宣传时，要充分发挥乡村医生和乡村教师的积极性，发动他们帮助宣传人才扶持政策。同样，村中的民间艺人、文化能人、文化带头人，是乡土政策与文明的传承者与发扬者。文化艺术团体和文化能人，也可以围绕政府引才育才工作，创新曲艺段子，通过自编、自导、自演的方式，将乡村人才政策融入传统的曲艺节目之中。通过文化曲艺节目走农村、下企业、进学校、入社区，以群众喜闻乐见的方式来宣传人才扶持政策，扩大政策的覆盖面与知晓度。

（四）采取多种方法相结合宣传人才政策

在乡村人才政策的宣传过程中，方法的选用往往起到重要的作用，直接决定了政策的宣传效果。基层组织在宣传乡村人才政策时，可以通过主题宣传活动，提升宣传活动的力度和效率。例如，河北省唐山市先后组织了"春风行动"、"关注民生、传递关爱"主题宣传招聘、"人才服务调研月"、"人才服务提升月"、"人才创新发展月"等活动，积极开展人才政策宣传，现场发放人才政策宣传材料3 000余份，使人才政策在更大的范围内为大众所了解。河南省郑州市中原区西流湖街道采取制作宣传版面、悬挂条幅、发放宣传页、街道门店电子屏滚动播放宣传标语等多种形式，认真扎实开展人才政策宣传工作。通常而言，采取通俗化的方式进行宣传易于群众对政策的理解；将政策和农民切身相关的事件及需求相联系，可以帮助农民理解政策带来的积极影响。例如，农民曾经想要参加关于农业技术方面的培训，希望通过相关政策获得具有针对性的扶持。在新的扶持政策出台时，基层干部可以结合农户以往的需求，讲解政策的有效性，帮助农户理解政策的重要作用。另外，也可以运用现代化的综合教育手段，通过现场实况转播、专题报道、系列影视纪录片等形式来使农村政策宣传更加生动形象、更加生活化。此外，群众讨论、群众评议、群众农村政策知识竞赛也是宣传农村政策不错的方式，可以使村民参与其中，通过互动交流了解农村政策。当然，基层干部在宣传时也要注意引导讨论的方向和节奏，适时地引导讨论的导向，使其利于政策的良性传播。

总之，在乡村人才政策宣传的过程中，基层组织要善于运用多种渠道和方式，有针对性地开展人才扶持政策宣传工作。在前期做好宣传的准备工作，对宣传对象、宣传资料和宣传地点等进行认真计划，为宣传工作的顺利开展奠定良好的基础；在宣传过程中，要注重与农民的互动和交流过程，及时获得农民对人才政策的反馈以及农民在落实政策时遇到的现实困难，帮助农民解决实际存在的困难问题，使人才政策顺利推行；在政策落实后，也要做好典型榜样和案例的收集工作，注意总结政策实施工作的相关经验和教训，为后期的政策宣传和推广做好准备。

案例：基层宣传阵地也要插上"小红旗"

新媒体在极大丰富基层群众生活的同时，也逐渐成为基层舆情爆发的主要途径。有些自媒体出于利益考量，有时会随意编造内容、遮蔽党的声音、抹黑政府形象，甚至"代表"政府发声，"带歪了"群众对党和政府的看法。长此以往，党的基层思想阵地建设将受到严重破坏，在意识形态方面所做的努力将付之东流，甚至执政根基也会发生动摇。在新媒体时代，如何牵住基层宣传工作的"牛鼻子"，让积极正面的网络舆论脱颖而出，是一个值得思考的问题。近年来，广西壮族自治区百色市凌云县主动学用新媒体工具，在全县建立起纵横交错、层次分明的 40 多个官方微信公众号平台，推出了阅读量"10 万＋"的扶贫系列文章，建立起 10 多个行政村级"与书记面对面"的政策宣传微信群，有力地保障了党和政府声音有效传播，为基层舆论宣传阵地也插上了"小红旗"。

一、谋定后动，试点先行

以微博、微信和客户端"两微一端"为代表的新媒体在凌云县不算新事物，但基层宣传部门真正"放下身段"学习这些宣传方式，则需要一个过程。2016 年下半年，凌云县委宣传部经过深入调研和缜密谋划，决定以本部官方微信公众号"壮志凌云"为试点，启动党委政府运营新媒体的创新实践。

一是培养专业人才队伍。通过组建微信创作专门团队、邀请业界专家授课、安排记者到广西日报新媒体部跟班学习、定期举办新媒体业务讨论会等方式，为新媒体工作做好人才储备。同时，发动县内的有志之士向微信公众号投稿，创建新媒体宣传的兼职团队。二是转变微信公众号运营指导思想，让微信公众号不仅围绕党委政府中心工作，及时宣传各级党委、政府的大政方针和重大举措，转载党报党刊的重要内容，而且关注民生热点诸如扶贫政策、交通状况、教育文化、旅游景点等问题，提高"壮志凌云"的知名度。三是强化文风和版面改革。组织记者研究微信公众号的标题、内容、语言和排版，力求所刊文章风格庄重典雅与幽默活泼兼而有之，版面审美体验上有很大提升，打破以往官方宣传文章"一脸严肃"的刻板形象。一系列举措的"吸粉"效果明显，"壮志凌云"的文章阅读量一路攀升。目前，"壮志凌云"已成为凌云县知名度很高的官方微信公众号，成为党和政府在基层发声的重要渠道。

二、乘胜出击，抓铁有痕

"一枝独秀不是春，百花齐放春满园"。有了"壮志凌云"的成功案例，县委宣传部信心倍增，趁热打铁在全县范围内拉开了基层网络宣传的序幕。

一是推动各乡镇和县直机关注册微信公众号，全面打造"公办"新媒体。2016年，在县委宣传部的大力推动下，全县8个乡镇、部分县直机关和行政村都创办了微信公众号，全县范围内的政府微信公众号从之前的3个发展到2017年的40多个。"壮志凌云"与其他公众号遥相呼应，对县委、县政府重要事项同时发声、共同行动，"大珠小珠落玉盘，声光色影共争辉"，形成了事半功倍的宣传声势。二是用好各级微信群，加速公众号文章广泛传播。县委宣传部经过调研发现，大部分乡镇和县直机关建有自己的工作微信群，甚至很多行政村和自然屯也有微信群。为此，县委宣传部迅速把这些微信群列为重要宣传阵地，指定专人负责，及时转发"壮志凌云"等官方微信公众号的文章，使官方发声渠道更加顺畅。同时，通过这些微信群收集最基层群众的心声，在基层干部和群众之间搭建起了一座交流、互信的桥梁。三是强化自媒体资源整合和管理，为我所用。为更好地引导和规范自媒体工作，县委宣传部每月召开一次例会，对于违规违纪行为进行通报，对于积极传递正能量的微信公众号予以大力肯定。对于引发舆情的微信公众号等自媒体，协调有关部门上报自治区、市互联网信息办公室依法采取警示、限制发布、暂停更新直至关闭账号等措施。经过不断引导和教育，县内的自媒体运营者与政府机关达成良好互动关系，走上了规范经营、合作共赢之路。

三、精耕细作，硕果初成

思路决定出路，新媒体工具的启用，把凌云县的宣传工作提升到了全新的水平。为做好脱贫攻坚这一全县的核心工作，"壮志凌云"策划了脱贫政策宣传、脱贫一线人物等系列报道，取得了良好的宣传效果。县委宣传部围绕扶贫工作策划的几个小视频发布后好评如潮，如小视频《扶贫神曲——精准扶贫八有一超歌》阅读量当天就超过了10万，小品《懒汉脱贫记（桂柳话版）》成为倡导"自力更生脱贫，拒绝等靠要"的典型案例。在全县的大型活动中，新媒体也开始扮演越来越重要的角色。在2016年的"水上抢头鸭"系列民俗活动中，一张张妙趣横生的现场图片和"凌云摸鱼哥"等人物在网络上火速蹿红。全国首家高铁无轨站——凌云县高铁无轨站开通过程中，数十家新媒体云集凌云，瞬间形成了强大的宣传声势。通过新媒体工具的广泛介入，全县宣传工作的效果令人欣慰，凌云县的知名度明显提升，为全县的改革和发展营造了良好舆论氛围。

第四节　工作困难的求助方式

基层干部可以采用多种宣传方式提升乡村人才政策宣传工作的质量和效率，不断提升宣传工作的时效性，拓展乡村人才政策在农民中间的影响力和扶持力。但是，乡村人才政策在具体宣传的工作中，也会面临许多现实的困难，外部环境中可能存在诸多的制约性因素对基层干部的工作提出了挑战。因此，基层干部需要提前对可能遇到的问题进行准备，以避免各种问题对人才政策宣传工作的制约。本节主要针对乡村人才政策宣传工作中的现实困难，首先总结基层组织和干部在乡村人才政策宣传工作中面临的实际困难。在此基础上，提出解决工作中的困难和问题的思路，为宣传人才政策工作提供参考和借鉴。

一、宣传工作中面临的困难

（一）组织召集工作困难

基层组织通常选用正式的组织传播渠道，宣传人才扶持政策。其中，会议宣传的方式是许多基层组织会采用的方式。但是，在组织召集村民开会学习时，却存在诸多现实困难。首先，通知开会不易。有的家庭举家外出，连邻居也不知道其联系方式，要向其通知开会或者相关事项，是难上加难。其次，召集群众不易。村民本身居住分散，通知开会大都通过手机等通信设备，虽然方便了村干部，但是由于不是面对面地通知，从而降低了村民参会的积极性。每次通知村民开会，参会者寥寥无几。最后，宣讲传达不易。由于无法将村民召集起来通过村民大会的形式来宣传政策，因此开会宣传的方式，多是村干部口头宣传国家政策。一方面，召集村民的难度越来越大，年轻村民不在农村，年老村民因为农活、身体或者交通不便等原因，大会参与率不高，为此宣传效果也会大打折扣。另一方面，村民认为会议和自己的切身利益关系不大，无论下发哪些政策都不会对自己产生太大的影响，参加会议的积极性不高。参加会议可能还会占用他们干农活的时间，因而他们不愿意参加村委会组织的会议学习活动，以各种理由推脱不愿意参加会议及其他学习活动。这对基层组织的宣传工作提出了极大的挑战，如何动员村民积极参加政策宣传和学习活动，成为基层干部面临的一项重要问题。

（二）农民政治参与意识较低

我国的农村人口分散广泛，村民以自我为中心的意识和圈子意识较强，对血缘或地缘以外的事通常漠不关心，农村欠缺真正为农民表达利益的组织，广大村民大多各自为政，对村里的基层建设和民主政治参与能力较低，质量不高。而农民的多一事不如少一事的观念，也让农民不愿去参与村里的政治生活。村民不能积极参与基层组织生活，当然不能及时了解党和国家的各种人才扶持，势必增加了基层干部宣传工作的困难。许多村干部也反映"无论政策多好，村民就是觉得事不关己，不愿意参与和尝试，很难推广新的人才扶持政策"。这种问题也与农民传统的保守意识有关系，长期以来农民依赖土地获得生存和发展，他们不愿意贸然尝试通过其他方法改变传统的生产和生活方式。所以，造成了很多新的技术和生产方式难以推行，需要承担一定风险的政策更加难以获得认同。例如，人才扶持政策提出积极举办高素质农民的培训活动，但是在宣传时，很多农民可能不愿意参与培训。一方面，是担心会耽误农活，降低自家的经济收益；另一方面，可能觉得参加培训也不一定有太多收获，没什么收益。一些农民缺乏自信，认为自己没读过太多书，参与培训可能会听不懂，是在耽误时间。这些问题都是基层组织在宣传和落实政策时，可能会面临的现实问题，需要基层干部通过反复的沟通和交流消除农民的疑虑与不安。

（三）双方信任机制难建立

基层组织在进行政策宣传时，一项重要的问题就是如何与农民之间建立信任和认同机制，这也直接决定了农民是否能够参与和接受乡村人才扶持政策。但是，许多基层干部在实际工作中，都面临着信任机制难建立、农民难以认同新政策的问题。这主要是由于，一方面，新的人才扶持政策在农民心中缺乏公信。由于是新出台的政策，农民担心政策的稳定性和落实程度，因此在前期普遍会处于观望的态度，不会对政策表现出太多的兴趣，自给自足的生产方式使得小富即安的思想在他们头脑中根深蒂固；另一方面，农民在理解和接受新政策的过程中，往往只从自身和眼前利益出发，不能长远考虑，使政策宣传工作也存在很多的困难。很多人才政策都是需要长期的实践才能获得收益，无法在短期内看到现实的利益。一些群众不愿意进行长期的投资，也无法确定长期投资后是否能够获得收益，因此对参与政策的积极性不高。另外，从 2017 年我国农村的基本情况来看，留守农民的文化素质都相对较低，由于受文化层次所限，村民可能无法及时理解政府制定的乡村人才扶持政策，认为这些政策并不是为了自己的发展，从而对政策的贯彻执行怠慢、消极，有时可能还会产生抵触情绪。面对这部分群体，基层干部不能产生畏难情绪，也不能放弃对他们的政策宣传。应该充分利用多种形式，逐步建立与农民之间的信任机制，帮助他们逐渐意识到乡村人才政策对他们的切身好处，通过事实和案例来增强宣传的可信度。

二、宣传工作困难的解决思路

（一）寻找正确的途径获取帮助

基层干部在宣传工作中，可能面临很多可预见的困难和问题。这时基层干部应该通过正确的途径寻求帮助，以更有效地解决问题。首先，在宣传政策之前，基层干部不仅要充分熟悉需要宣传的人才政策，还应该在此之外，对以往的人才扶持政策和相关的法律法规进行学习，做好充分的准备，以便于在政策宣传过程中对农民提出的各种问题进行及时解答和反馈；基层干部还应该充分了解以往政策实施的情况和相关历史，可以向长期居住村中的老村民和村干部进行询问，这样能够尽量避免村民对新政策的抵触情绪。其次，受限于相关的管理知识和宣传经验，村干部可能无法深入理解人才政策的战略性意义，在宣传中也不知应该如何借鉴经验，这时基层干部可以同村中的第一书记或大学生"村官"进行交流，通过他们的相关知识和经验弥补自己在这方面的不足，提前做好宣传准备；村干部也可以同其他村具有相关宣传经验的干部进行交流，积极获取宣传知识和技能，并对遇到的相关问题进行沟通，互相交流经验和教训，为解决相关问题奠定良好的基础。最后，基层组织还可以充分利用政府举办政策解读活动的机会，在积累充分的人才政策知识的同时，就遇到的问题向专家进行咨询。这样可以尽可能地帮助基层干部解决现实中遇到的问题，提高宣传工作的效率。

（二）帮助农民树立发展自信

农民对新的人才扶持政策产生不理解、不支持的情绪，很有可能是因为农民缺乏自信心，认为自己没有接受过太多教育，人才政策对于自己没有什么太大的帮助。为此，基层干部应先帮助农民过了心理关，消除他们心中的顾虑。一方面，是向他们讲解更多其他农民从人才扶持政策中获益的事例，逐渐建立他们对人才扶持政策的信任，也从他人的经历中建立自己的发展自信。另一方面，也应该提供给农民一些学习基础文化知识的机会，提升他们的文化素质和视野，认识到应该将目光放长远，不能仅局限于当前的利益，应该更关注长远的利益和发展。同时，帮助农民了解一些基础的培训课程，为农民提供针对性的培训项目。例如，对一些文化程度较高的农民，可以提供一些具有一定难度的培训项目；而对于文化程度较低的农民，应该提供一些基础的培训课程。让农民在高素质农民培训中都有自己的选择性，都有获得教育和培训的公平机会。除此以外，基层干部还可以运用多种形式，增加农民对学习的兴趣。例如，通过戏曲文艺宣传活动，运用多种形式将人才政策融入文艺节目之中；通过设计学习活动，让他们感受到学习的意义和自身的价值。乡村人才政策的宣传落实，要抓住人才的事业发展需求，用事业吸引人才、以发展成就人才，让他们下得去、上得来，看得到实现个人理想和价值的宝贵机会。

（三）建立公平合理的监督协调机制

为了建立与农民之间的信任机制，必须让农民能够信任政策落实过程中的公平公正。在乡村人才政策宣传中，要建立健全村民利益监督协调机制，防止村民遇到感觉不公平的事件，对人才扶持政策失去信心并产生抵触情绪。同时，公平公正的机制也能够促进农民积极地参与政策宣传中来，在宣传的过程中确保农民能够感受到公平化、公正化和透明化的人才政策体系，并且让农民相信政策在实施过程中也可以接受大家的监督，让农民相信人才扶持政策的各项内容在面对所有群众面前，都是公平公正的。在此基础上，应拓展人才政策宣传渠道，逐村制订内容简洁清晰的人才政策扶持方案，将需要落实的工作以任务清单的方式一一列出，并在一定范围内进行公示，让群众清晰地了解人才政策工作的目标和内容，自觉接受群众监督。此外，当农民对政策实施程序提出质疑、对自己能否享受到公平的政策提出疑问时，基层干部也要积极予以解答，向农民清晰地解释政策分配的机制和方案，化解农民心中的顾虑和不信任感。另外，对于已经参与政策的农民提出的质疑，基层组织更要积极给予解答，坚持在实施过程中的公平公正性，防止负面情绪和负面反馈信息的产生。

（四）加强对政策落实情况的宣传工作

乡村人才政策的宣传工作，不仅要做好事前宣传，也要做好事后宣传工作，即对政策落实情况的评估和宣传工作。让农民群众看到人才政策带来的实际效益，相信人才政策会提升农村的生活质量。一方面，各级政府要加强对人才政策落实情况的跟踪评估工作，让人才扶持政策真正落到实处。例如，山东省积极强化人才政策的落实，结合"人才政策落实专项行动"，对政策落实情况开展督查，着力发现和纠正政策不落实、不到位等问题。对落实不彻底的政策，要找准症结，制订专门的跟踪督促方案，列出责任清单，明确责任主体和时限，对症下药，大力推动政策的落地生效。另一方面，政府也要善于总结人才扶持工作中的典型案例，如返乡创业、高素质农民等优秀典型事例，运用现实的案例让农民看到人才扶持政策的实际效果。也可以对前期政策执行情况进行及时反馈与监督，运用事后宣传的案例，为乡村人才政策的宣传讲出好故事、营造好氛围。

案例：贵州六枝特区"六三制"推进宣传思想工作

2018 年以来，贵州省六盘水市六枝特区把统一思想、凝聚力量作为宣传思想工作的中心环节，以"六个三"为抓手，全区上下形成了自觉学习宣传习近平新时代中国特色社会主义思想和党的十九大精神的浓厚氛围，为全区经济社会发展和决胜脱贫攻坚提供了坚强的思想保证和舆论环境。

落实"三个机制"，确保工作有序推进。一是落实督导机制，促进宣传工作规范化。每季度开展一次"创文"工作督查、每半年开展一次宣传思想工作督查等，通过发现问题开清单、对照问题抓整改等方式，推动宣传思想工作的落实。二是落实问责机制，推动宣传工作常态化。对宣传思想工作不重视、落实不到位的单位和部门提出问责建议，形成齐力抓宣传的良好氛围。三是落实考核机制，推动宣传工作质量高。把宣传思想文化工作纳入全区目标考核范围，参与全区目标统一考核。

丰富"三级宣讲"，让党的声音全覆盖。以特区、乡镇、村（居）为主阵地，开展"三级宣讲"活动，用习近平新时代中国特色社会主义思想武装全党、教育人民。一是区级宣讲不落一家。认真组织安排好省、市两级的大型宣讲，确保全区副科级以上干部个个参与。二是乡镇宣讲不漏一个。全区成立8个宣讲团，深入乡镇开展巡回宣讲工作，确保19个乡镇社区巡回宣讲全覆盖。三是村居宣讲不漏一组。以村民小组为单元，乡镇组织宣讲团，采取院坝会、文艺演出等群众喜闻乐见等方式，深入村民小组加大政策的宣讲解读力度。

管好"三个阵地"，确保舆论引导有力。一是管好区级媒体阵地，确保安全不出错。制定"三审三校"制度，确保报刊、台网及"两微一端"质量。二是管好部门、乡镇阵地，确保宣传不断档。对宣传栏、宣传品及大型墙体、道路灯标旗、过境公路高杆等加强指导，齐聚舆论声势。三是管好村级阵地，确保宣传进农户。抓好村村响的建设，让村村响、时时响，成为群众离不开的政策传声筒；抓好村级宣传栏的质量，让宣传栏成为群众了解时事的主阵地；抓好村级宣传标语的把关，让宣传标语接地气常更新。

做实"三个宣传"，营造浓厚宣传氛围。一是做实习近平新时代中国特色社会主义思想和党的十九大精神的宣传。二是做实决战脱贫攻坚决胜全面小康宣传。三是做实社会主义核心价值取向的宣传。依托区内广播电视、报纸和"两微一端"，认真制作宣传方案、精心策划选题和设置栏目、加强督查督导、组织精兵强将采写宣传稿件等，采取动态新闻和专题报道相结合等方式，全方位多角度讲述六枝故事、传播好六枝声音。

加强"三个协作"，向外传播六枝特区故事。加强与中央、省市媒体的协作，向外讲述六枝特区发展的动人故事和先进典型，让宣传有深度、有力度、有广度、有高度，提高六枝特区对外宣传的传播力、引导力、影响力、公信力。一是加强与新华社、中央电视台、人民网等中央媒体的沟通协作，在高端平台传播六枝特区好声音。据不完全统计，2018年以来，已在中央媒体平台发稿432条。二是加强与省级媒体的协作，展示六枝特区的良好形象。2018年，已在《贵州日报》、当代贵州、贵州电视台、多彩贵州网等省级媒体平台发稿1 200多篇（条）。三是大力与市级媒体平台联手，推广六枝特区的先进典型和经验，以专栏、系列报道方式，全方位宣传六枝特区脱贫攻坚的动人故事，激发广大干部的热情和群众脱贫攻坚的内生动力。

达到"三个目标"，宣传工作稳步提升。一是理论宣传宣讲深入人心，学习贯彻习近平新时代中国特色社会主义思想和党的十九大精神已成为广大干部群众的自觉行动。二是全区上下从严落实意识形态工作责任制已经形成常态。三是营造决胜全面建成小康社会的舆论氛围已经形成，为决战脱贫攻坚、决胜同步小康提供了保障。

第五章
新型乡村人才工作的典型
案例和国外借鉴

第一节　新型乡村人才工作应处
理好的几个基本关系

一、引才与育才的关系

新型乡村人才工作，要处理好引才与育才的关系。"国以才立，政以才治，业以才兴"，乡村振兴离不开人才支撑，而新型乡村人才的来源不外乎引才与育才两种方式。因此，要做好新型乡村人才工作，就需要引育结合，走好"两条路"。

第一，做好新型乡村人才的引才工作。"筑巢引凤"打造"人才高地"，让城市的有为市民、社会上的有为企业、外出的有为乡贤能人，都能够在乡村大有可为的广阔天地上大展手脚、大有作为、大显价值。

引才工作包括两个方面：首先，是引导大学毕业生、退役军人等外乡新型乡村人才，深入乡村工作，尤其是需要引进高学历、高技术水平的高端技术人才，包括农业技术、加工、市场、营销、旅游、规划、金融等方面的人才都是乡村振兴中所需要的新型乡村人才，他们可以为乡村振兴的发展提供全方位、有力的技术保障。2013年，刚大学毕业的王萌萌，回到家乡担任安徽省定远县吴灯镇西孔村党总支第一书记。在王萌萌的不懈努力下，村民们逐渐意识到优质化肥的效用，化肥销售一空，田里庄稼的长势也开始好了起来。她承包土地，种植葡萄和草莓，当年就见了效益，因势利导带领村民成立了皖圩种养殖专业合作社，大力发展起种植和养殖。

其次，是号召本地村民返乡创业，充分调动家乡情、鱼水情。他们既包括返乡准备创业农民工，也包括从农村走出去的大学生。作为本地人，拥有故土家乡的情愫，有回报乡梓的情怀，而且对本地实际情况更了解，因此要充分利用这类人才的职业能力、创业资金、产业发展思路，带动当地产业发展，进而推动乡村振兴，让广阔农村成为广大人才干事创业的热土。

第二，抓好当地新型乡村人才的引才与育才工作。要抓好当地新型乡村人才的引才与育才工作，尤其是新型农民、手工匠人、土专家、种养大户等乡土人才的培养。只有加强人才培养，才能确保后继有人。近年来，随着城镇化进程的加快，大量农村青壮年劳动力进城务工就业，务农劳动力数量大幅减少，很多地方务农劳动力"老龄化、低文化"的现象十分普遍，"谁来种地""如何种好地"成为现实难题。农村农业面临的严峻形势，迫切需要吸引更多人才投身现代农业，而这一切仅仅靠"引才"工作满足不了乡村振兴的人才需求。只有培育高素质农民和乡土人才，推动农村产业转型升级，发展新产业新业态，形成一支高素质农业生产经营者队伍，才能确保农业后继有人。

引才工作与育才工作，两者不可偏废。目前，一些地方为求短期效果，热衷于在引才上"花血本"，却不愿意在育才上"下功夫"，使得乡村人才"重引轻育"的现象比较突出。但现实中，一些引进的乡村人才，更多是冲着政策红利而来的，一旦政策红利消减，他们便会选择离开。因此，必须在做好引才的同时，更加注重本土人才的培养，为乡村振兴打造一支稳定的人才队伍。

二、政府与市场的关系

新型乡村人才工作，要处理好政府和市场这"两只手"的关系，即正确处理好政府主导和市场运作的关系，处理好充分发挥市场决定性作用和更好发挥政府作用的关系。只有将政府引导与市场机制相结合，形成有效的激励机制，加快构建"政府主导＋市场主体"的新型乡村人才工作体系，才能全方位、多角度地提升新型乡村人才培育和引进能力。

第一，新型乡村人才工作毫无疑问需要发挥政府的推动作用。新型乡村人才工作的实施，绕不开政府真金白银的投入、惠农政策的支撑、体制机制的改革。主要体现在以下三个方面：一是做好顶层设计，强化规划引领，制订新型乡村人才工作规划，进而推进落实国家乡村振兴战略规划；二是按照干部配备上优先考虑、要素配置上优先满足、公共财政投入上优先保障、公共服务上优先安排的原则，推动公共资源向新型乡村人才工作倾斜配置；三是着力新型乡村人才培育和引进的体制机制及政策体系，组织新型乡村人才培训教育以及公开招聘引进新型乡村人才工作，完善新型乡村人才工作相关政策。总之，要通过强有力的政府行政引导，让越来越多的新型乡村人才能扎根基层。

第二，新型乡村人才工作要注重发挥市场的作用，坚持市场主导、农民主体的工作原则。特别是在新型乡村人才引进方面，要深化要素市场化改革，发挥市场在资源配置中的决定性作用，让价格指挥棒做引导，这样才能保证新型乡村人才能留得住。

新型乡村人才工作需要政府和市场两种力量共同发挥作用，一方面，这表现在两者都可以发挥作用，多多益善；另一方面，则表现在两者缺一不可，都具有无可替代的作用。新型乡村人才工作既要用好政府这只"看得见的手"，进行宏观把控；更要注意用好市场这只"看不见的手"，优化资源配置。

首先，政府在新型乡村人才工作的制度改革、规划引导、政策支持、市场监管、法治保障等方面的重要作用是市场不可替代的；但政府的作用边界必须有所限制，绝不能大包大揽、包办代替，特别是不能以超强的行政手段高度集中和分配资源的方式推进新型乡村人才工作。必须充分发挥市场机制的基础性和决定性的作用，才能激发各类新型乡村人才建设乡村的主观性和积极性，从而实现乡村振兴战略。有的地方没有处理好政府和市场之间的关系，在新型乡村人才工作中政府主导的痕迹过重，市场配置的作用弱化，背离了市场经济规律，导致培育和引进人才不能完全适应当地乡村振兴工作发展。这背后反映出的问题是，当地的人才工作布局没有充分尊重人才工作中市场的作用。

其次，也要防止"市场万能论""唯市场论"等错误论调，绝不能在大是大非的原则方面妥协让步，这些都离不开政府的规范、引导和把关。尤其对于产业欠缺、经济发展水平较弱的地区难以在全国乡村振兴的人才市场竞争中取得优势，这就离不开政府在新型乡村人才工作政策支持和规划引导。因此，只有政府主导和市场主体两者相辅相成，才会最终推动新型乡村人才工作全面升级发展、为乡村振兴合力。

三、短期与长期的关系

新型乡村人才工作关系到乡村振兴的多个方面，任务艰巨，需要经过长期努力。因此，新型乡村人才工作，要处理好短期成效和长远目标的关系。首先，新型乡村人才工作是实施乡村振兴战略的关键所在，人才引进和培养工作做得越快，那么就越有利于全面实施乡村振兴战略。但也要注意到实施乡村振兴战略是一项有着艰巨复杂任务的长期战略，既不能简单化地、盲目地追求短期成效，又不能超越现实可能盲目"大干快上"，一味追求发展目标的"高大上"。正所谓"十年育树，百年育人"，人才工作更是需要一定的培养和引进周期，工作既需要抓紧实施，又不能操之过急。

因此，新型乡村人才工作要根据本地经济、社会发展的实际需要，采取长期和短期相结合、务虚和务实相结合的方式，既努力增强新型乡村人才工作的实效性，又要确保新型乡村人才工作的稳定性和长远发展。总之，要遵循乡村建设规律，坚持科学规划、注重质量、从容建设，一件事情接着一件事情办，一年接着一年干，切忌贪大求快、刮风搞运动，防止走弯路、翻烧饼。例如，个别地方在新型乡村人才工作实践中，好高骛远地下指标、定任务，错误研判乡村人口流动趋势和空间分布，盲目提挡加速，造成目标无法实现；个别地方急于上马"面子工程"，没有考虑到本地对新型乡村人才的实际需求情况和人才工作的持续性，导致培养的人才易流失，引进来的人才留不下。实际上，所有这些短期化行为都是行不通和不可持续的，推进新型乡村人才工作要遵循乡村建设和人才培养规律，坚持科学规划、注重质量、从容建设，必须基于现实基础和外部条件循序渐进，有足够的耐心和定力，把可能出现的各种问题想在前面，聚焦阶段性任务、找准突破口，一件事情接着一件事情办，一年接着一年干。

要处理好短期成效和长远目标的关系，就必须做好顶层设计，布好局，定好阶段性目标和长远目标，分清楚问题解决的时间区别。即要按照新型乡村人才不同工作措施所需求的时间特点，科学把握人才培养和人才流动的趋势，充分考虑新型乡村人才的多样性、差异性，因地制宜、分类施策。要把抓当前与谋长远有机结合起来，合理设置阶段性目标任务。要着眼未来乡村振兴蓝图，总结提炼并运用脱贫攻坚中好的机制做法，统筹脱贫攻坚与乡村振兴之间的有机衔接，形成相互支撑、相互配合、协同推进的良性格局，正确处理好立足实际和着眼长远的关系。

第一，从短期来看，新型乡村人才工作要结合实际，一步一个脚印，步步为营，以小目标积累大目标，防止急于求成、急功近利，杜绝形式主义。为此，新型乡村人才工作在短期内要坚持问题导向，从化解当前突出矛盾入手，加快解决新型乡村人才工作中的短板问题，让新型乡村人才在乡村建设中有获得感、幸福感和成就感，调动其参与乡村振兴的积极性、主动性和创造性，做到既能"引进来"，也能"留得住"。具体来讲，首先，要制订科学合理、富有针对性的新型乡村人才工作规划；其次，抓短板，在短期内集中精力引进最缺少的新型乡村人才类型；最后，要学会抢时间，加紧规范新型乡村人才的规章制度、提高新型乡村人才的引进速度。

第二，从长远来看，新型乡村人才工作要按照乡村振兴的总要求，落实农业农村优先发展方针，构建可持续发展机制，实现全面升级、全面进步、全面发展。为此，新型乡村人才工作在中长期内要坚持目标引领，按照农业农村现代化的要求，从构建体制机制着眼，重塑中长期乡村振兴的动力机制，激发各类型新型乡村人才共同携手参与乡村振兴，稳扎稳打，不断积小胜为大胜，最终实现乡村全面振兴。具体来讲，首先，增加和完善新型乡村人才培训工作，让新型乡村人才的培育工作能长期稳定的持续下去，源源不断地为乡村振兴战略输送新的人才血液；其次，要提高新型乡村人才的政策待遇，既包括技术人员和公务服务人员的工资福利待遇，也包括创业型人才的产业发展扶持政策，让引进来和培育好的新型乡村人才都能留得住、不流失；最后，要全面完善乡村基础设施，为新型乡村人才的乡村振兴建设提供有力的基础物质保障。

四、城镇和乡村的关系

新型乡村人才工作，要处理好新型城镇化与乡村振兴的关系。乡村与城市相伴而生、相互发展，是一个紧密联结的命运共同体。城镇化是实现现代化的必由之路，城镇化战略能够有力支撑乡村振兴战略的实施；反过来，乡村振兴也是城镇化的必然结果和成功标志。

新型城镇化和乡村振兴之间是相得益彰、相辅相成的关系。第一，农村和农业为城镇提供食品等农产品，是新型城镇化的坚强后盾。第二，新型城镇化是乡村振兴的助推器。新型城镇化的发展进程，同时推动了农业的规模化、集约化经营，进而提高了农业生产效率和农民收入水平。第三，有利于推动农业种植结构优化。城镇作为区域经济中心和科技、教育、信息的聚集地，可以为乡村振兴提供资金、技术、信息、人才等的支持。

但城镇化也为乡村振兴战略过程中的新型乡村人才工作带来一定的困难。从我国现阶段的农村人口流动和劳动力转移情况来看，大量农村人口，特别是年富力强、素质高的人口向城市转移是一个不争的事实。截至 2017 年底，我国城镇化率达到 58.52%，与发达国家相比仍有较大差距，显然我国的城镇化还有很长的路要走。而这一事实给实现乡村振兴战略带来重大挑战。因为，乡村振兴，最重要的是人的振兴；农业农村现代化，最关键的是人的现代化。

新型乡村人才工作要处理好新型城镇化与乡村振兴的关系，避免发生"抢人"大战，给两者带来"误伤"。

第一，要支持有条件有意愿的农业转移人口在城市就业创业、落户定居，全面融入城市社会，违背个人意愿和经济规律的做法是无法真正将新型人才留在乡村。同时，还要引导科技人才和工商企业家定期下乡整合乡村要素资源，推动形成工农互促、城乡互补、全面融合、共同繁荣的新型工农城乡关系，促进新型工业化、信息化、城镇化、农业现代化同步发展。

第二，要鼓励和培养一批愿意从事农业、扎根农村的高素质农民，吸引那些走出去的农民工和大学生返乡创业，形成双向流动机制，构建新型城乡工农关系。这就需要当地乡镇政府能不断提升乡村公共基础设施水平，持续改善乡村人居环境，加快补齐乡村在公共服务、基础设施和信息流通等方面的短板，缩小城乡差距，逐步建立健全全民覆盖、普惠共享、城乡一体的基本公共服务体系。只有减少城乡差距，才能让新型乡村人才留得住，乐于扎根乡村。

第二节 国内新型乡村人才工作的典型案例

随着乡村振兴规划在全国各地的开展，新型乡村人才工作已经在很多省份做出了一定的成效。本节以部分省份为例，列出相应的成果经验，以供参考学习。

一、湖北省的成功经验

乡村振兴，人才是关键。湖北省咸宁市从乡村人才的引进、培育、保障等方面着手，让人才引得进、干得好、留得住，着力破解乡村振兴的人才瓶颈。其中，能人回乡、产业留人及一村多名大学生计划等措施已经取得成效。

（一）能人回乡、以才引才

咸宁市委组织部部务委员王江指出："过去，咸宁以基本的种养业为主，产业支柱不明显，人才更是缺乏。"针对这一痛点，咸阳市加大对农业产业化、电子商务、文创旅游等领域高端人才的引进力度，大力引进咸宁籍在外企业家、外出务工人员回乡创业。仅在崇阳县，就已有 200 余名能人回乡参与建设、66 家企业（集团）投资 120 多亿元开发山水资源。能人回乡、以才引才正在加速成为乡村产业发展新动能。

以崇阳县金塘镇畈上村为例，畈上村位于幕阜山脉北麓，是一个四面环山、交通不便的村子，曾经到县城就要三个多小时，十分闭塞贫困，是个出去了就不想再回来的地方。

1996 年春，村里人商量着把在外做生意的陈明远请回来当书记。陈明远上任后，筹资给村里修建了水泥路和桥梁，通了自来水，改造了小学，并发展黄鳝、牛蛙等特色养殖；但村里产业基础依旧十分薄弱，发展较为缓慢，让陈明远书记觉得有些力不从心。

2015 年，在陈明远和乡亲们的感召下，通过"已有人才"陈明远，引来了"新的人才"——在外闯荡 30 余年的畈上村能人沈亚明，虽然这次回来的仍是一位老乡，但沈亚明通过回乡投资、流转土地，打造畈上村的新产业，继续引来了"新的人才"来建设家乡——40 多名管理和技术人才。他们利用专业知识，参与生态农庄、亲子动物园等特色项目的建设和运营。如今，畈上村从一个边远偏僻的贫困村，变为一个集观光农业、休闲疗养等于一体的生态旅游小镇。这使得畈上村不少在外打工的村民返乡创办"农家乐"、民宿，村子也蜕变为远近闻名的旅游名村。

（二）扶持产业、以产留人

很多乡村在人才建设上面临的一大难题就是"难以留人"。因为这些村镇一没产业、二没基础设施、三没待遇保障，对于高端人才来讲很难找到合适的工作岗位；更有甚者，本乡已经外出打工或者外出求学的年轻人，如果想回乡发展甚至会被嘲笑为"没本事才回老家"。这样的环境使得这些乡村难以留住人才。

为了破解乡村难以留住人才的难题，湖北省咸宁市统筹资源，加大对乡村人才支持保障力度。具体来讲，一是统筹各项惠农富农政策项目、资金等资源，加大对乡村人才支持保障力度；二是鼓励地方政府采取投资补助、贷款贴息、以奖代补等方式，对乡村人才在金融信贷、土地流转等方面给予政策支持。

为了响应市政府号召，湖北省咸宁市通城县政府近年来累计投入资金 1 800 多万元，以农旅结合的发展思路，开展美丽乡村示范点建设——修路、净河、房屋改建；使过去道路泥泞不堪、河沟污水横流、房屋私搭乱建等乱象不复存在，取而代之的是干净平整的道路、清澈流淌的河流、格调一致的民居。

以通城县麦市镇冷塅村为例，2015 年，事业有成的晏波文返乡探亲，在当地冷塅村村委会副主任吴李靖的劝说和政策讲解下，决定留乡发展。经过考察，晏波文明晰了农旅结合的发展思路。在通城县委和县政府的支持下，他先后流转了 600 多亩土地，建设油茶、黄茶、小龙虾养殖基地。2018 年，又投资 1 200 万元，将曾经的抛荒田打造成百余亩月季庄园，带动 80 余户贫困户增收。晏波文还建了一个"美丽冷塅共建群"，200 多名微信群成员大部分是在外务工的冷塅村村民，他们时常在群里讨论村子的发展，很多人也有了回乡发展的意向。

此外，在湖北省咸宁市嘉鱼县，同样在产业留人措施上取得了良好的成果。以嘉鱼县渡普镇净堡村为例，该村通过流转 5 000 多亩土地打造水产养殖和苗木基地，吸引了近一半的外出务工村民回乡。从 20 世纪 90 年代末开始，渡普镇不少村的村民陆续出去打工。到了 2001 年，镇里的劳动力已经少到连西凉湖畔延续多年的端午赛龙舟活动也停办了。近几年，通过产业留人措施，不仅引来新的人才，也让不少外出务工村民回乡就业。到了 2018 年端午节，首届"双龙汇"文化旅游节在嘉鱼县举办，嘉鱼县村民记忆里的龙舟赛重新开始了。西凉湖畔人潮涌动，十余艘龙舟湖中奋楫，不仅丰富了村民的文化生活，也给大家带来了不少的旅游收入。

（三）一村多名大学生计划

过去，通过调查显示咸宁市村"两委"班子成员中，大专及以上学历的仅 400 人，占 9.61%；初中及以下学历，占 40.69%。基层干部学历不高、结构不优、人才短缺情况突出。村民的学历情况就更不理想。

为此，2016 年湖北省委人才工作领导小组提出，在全省组织实施"一村多名大学生计划"。在 2017 年 5 月 27 日，咸宁市政府审议通过《2017 年"一村多名大学生计划"实施方案》，计划通过 5 年时间，每年培养 200 名青年农民接受大专教育并回乡服务，最终完成 5 年内共培养千余名青年农民大学生的目标，以建好人才"蓄水池"，备足创新"源动力"。

具体来讲，咸宁市将面向基层选拔 200 名 40 岁以下优秀青年农民，接受为期 3 年的脱产大专学历教育，毕业后颁发普通高等学校专科（高职）毕业证书。培养学校为咸宁职业技术学院，学校将开设电子商务、现代农业技术等贴合农民急需的专业，如电子商务、中小企业创业与经营、现代农业技术等专业，来配合政府进行乡村人才培养。学费由财政和培养学校负担，但培养对象须与所在村（社区）签订毕业回乡服务合同，服务一定年限。

以咸安区大幕乡金鸡山村为例，金鸡山村过去是典型的"空心村"，村里青壮年几乎都外出务工。恢复高考以来，金鸡山村里出了上百个大学生，但留在本地的仅为个位数。这导致在本村创业的村民，多数学历不足，在财务、养殖技术等方面知识有限，经营遇到不少困难。通过一村多名大学生计划，大幕乡金鸡山村快 40 岁的俞发和夏大斌通过考核后，被咸宁职业技术学院录取。俞发报了管理专业，夏大斌则选择了农村电商。两个村民过去虽然成立了养羊合作社，但由于肉羊季节性强，经营中经常出现问题甚至赔钱。通过学习，在老师"单纯卖羊风险大，可以试试全产业链"的指点下，两人思路清晰起来，俞发投资 30 余万元开办餐馆，进行羊肉深加工；夏大斌也一展所学，利用网店开拓销售市场。到了 2018 年，两人的产业越办越大，已经养了 300 多头山羊，还计划引进 150 头奶羊，发展新的产业项目。

不仅如此，咸宁市委人才工作办公室还将通过 5 年培训以及其他选拔途径，引导智力回流，希望最终为每村（社区）配备 2 名以上懂技术、留得住、用得上、能致富的大学生。与此同时，咸宁还推出了

"一村一名大学生村医"等工程，源源不断地为乡村输送、培养人才，激发创造活力。现在，在金鸡山村，除了俞殁和夏大斌，还有 8 名大学生返乡就业、10 余名外出务工人员返乡再就业。村子已经有了 10 余名大专以上学历的人才，逐渐恢复了活力。

二、山东省的成功经验

想增加乡村人才，首先，是要增加新人才，一方面可以自己培养人才；另一方面可以从外引进人才。其次，则是要减少人才流失。山东省为了壮大新型职业农民队伍，从"培养好""引进来""留得住"三个具体角度入手，开展精准培训，选派专人指导，落实创业扶持。

（一）培养好

2018 年，山东省推进实施新型职业农民培育工程，将培训对象进一步聚焦到专业大户、家庭农场、合作社和龙头企业的领办人及骨干人员身上，实现了从"简单培训"到"精准培育"的转变。此外，山东省还加强基层农技推广人才队伍建设，实施基层农技推广体系改革与建设补助项目，每年分层分批培训基层农技人员 5 000 人，力争5 年内轮训一遍。

通过山东省的新型职业农民培育工程，即分类型、分层次开展新型职业农民培育，为山东省培育了大量乡村人才。据统计，截至2018 年 6 月，山东省新型职业农民培育工作已覆盖主要农业县（市、区），累计培育从事生产经营的新型职业农民 13 万人、认定2.5 万人，初步打造了一支爱农业、懂技术、善经营的新型职业农民队伍。

以青岛市西海岸新区张家楼镇为例，"80 后"青年王芬学在当地开展农业休闲观光游项目，打造了一家"八〇小伙"休闲农业园。过去，他只知道种植单一的蔬菜水果，但通过职业农民培训学习和自己在实践中摸索的经验，王芬学从种植"小白"成长为新型职业农民，现在已经种植蓝莓、火龙果、百香果等多种作物，还引进了珍珠鸡、波尔山羊、巴马香猪等畜禽品种，把农业休闲观光游搞得红红火火；并且通过职业农民培训机构组织的外出观摩，王芬学又在休闲农业园区内搞起了民宿，还新增了户外拓展拉练项目，还推出了"私人订制"服务。现如今"八〇小伙"休闲农业园的"回头客"越来越多，园区从当初 80 亩扩大到如今 300 多亩，采摘季更是游客络绎不绝。

（二）引进来

除了培育本土人才外，还要吸引大批懂科技、懂市场、懂法律、懂管理的高端人才到农村来，为农村经济社会发展注入新的活力。通过优质的产业吸引人才，一个好的产业能让人"有干头、有赚头、有奔头"，只有提供尽情施展才能的舞台，才能使人才愿意来、留得住；通过良好的服务增强人才吸引力，引导和支持各类人才积极投向乡村振兴事业，让他们在乡村创业顺心、工作安心、生活舒心；打好"乡情牌"，充分挖掘乡村在外人才关心家乡建设、有志服务家乡发展的潜力，使他们成为乡村振兴发展"回得来""用得上""留得住"的主力军。

为此，山东省推动乡村振兴人才引进来、沉下来，通过增强乡村对人才的吸引力，促进各类人才到农村创新创业；以乡情乡愁为纽带，以大学生、进城务工人员、退役军人等群体为重点，培养心怀农业、情系农村、视野宽阔、理念先进的"新农人"；吸引支持企业家、党政干部、专家学者、技术人才等，通过下乡担任志愿者、包村包项目、法律服务等方式，支持、参与乡村振兴。

此外，山东推动以县、乡为主体，选派乡村振兴指导员，对乡村组织的工作指导全覆盖。鼓励有条件的市、县（市、区）选派乡村振兴驻村工作队。为了推动指导农业发展，山东省计划每年组织 1 万名农业科技人员到生产一线，加强关键时节、关键环节的技术指导。与此同时，实施科技特派员行动计划，科技特派员深入农村开展创新创业服务，提供科技、信息、资金、管理等支持。

以淄博市张店区为例，淄博市张店区苏氏农科创业园以吸纳返乡大学生、返乡农民工和新兴创业人才为主，入园项目必须与农业有关。2018 年，已进驻 300 多家农业创业项目，其中有 30 多家完成了孵化。其中，"95 后"的张洋选择回乡创业，在苏氏农科创业园的孵化下，做起了"职业农民"。目前，他已在淄博建有多个多肉养殖展销基地，年收入数十万元。

此外，这些引进来的人才还能帮助当地政府培养好本地人才。淄博市张店区湖田街道就利用辖区淄博玉黛湖生态乡村庄园、淄博响水涯农业科技发展有限公司的技术优势、人才优势，举办生态农业技术培训班 4 期、土元养殖技术培训班 6 期，培训辖区农民 400 余人次；组织生态农业技术专家、土元养殖专家为群众现场指导被指导人员达 100 余人次。针对村转居的居民需求，为增强村转居失地农民创业就业能力，积极联系辖区职业培训学校，开设了面点、育婴师、家政服务等职业技能培训班，免费对辖区村转居失地农民进行培训。2018年，共举办各类专业技能培训班 3 期，培训失地农民 150 余人次。

（三）留得住

为了更好地服务乡村振兴，山东省推进人才发展体制机制改革，落实好基层专业技术人才职称评聘、创业扶持、待遇保障等措施，建立"定向评价、定向使用"的基层专业技术职称评价使用制度，侧重考察实际工作业绩。这种创新职称评聘、落实待遇保障的方式让山东省乡村人才更容易留下来。具体来讲，山东省加大对农村优秀人才的表彰奖励力度，对长期在基层工作且业绩优异的农业科技人员、农技推广人员、卫生专业技术人员、乡村学校教师等按照规定给予表彰奖励，奖励结果列入职称评审标准。此外，农村在职职工提升自身职业技能并取得相应职业资格证书的，政府还给予 1 000～2 000 元的技能提升补贴。

以医疗人才为例，为推动医疗人才走向基层、留在基层，山东省设立基层卫生高级专业技术岗位，实行评聘结合，对基层卫生专业技术人员，重点考核提供基本公共卫生服务能力，以及常见病、多发病的诊疗、护理、康复等综合服务能力。如今，山东省乡村医生较过去来讲，评高级职称更注重"疗效"了。

以村级干部队伍人才为例，山东省多地拓宽选配"村官"路子，通过单位选派和社会公开招聘相结合的方式，选拔靠得住、有本事、群众认可、公道正派的中青年和农村能人担任村干部。此外，山东省还把返乡务工青年、返乡大中专毕业生、退役军人培养与发展农村党员结合起来，建立一支年富力强、素质优秀的后备村干部队伍。

同时，针对部分人才无法"全职"扎根农村的情况，山东多地采取柔性方式留住人才。

以胶州为例，针对种植业、林业、畜牧业、渔业等乡村发展急需的农业技术人才，他们精选一批专家学者组成"周末专家"队伍，利用周末或节假日等业余时间到农村一线进行服务。

以淄博市张店区为例，淄博市张店区湖田街道人才工作办公室为了全面摸清掌握辖区人才现状，由街道人才工作办公室牵头，整合街道统计所、安全生产和环保部门12名工作人员，利用统计、安全生产和环保部门与企业业务来往多的优势，每月对辖区企业进行一次走访，送政策、摸情况，及时更新辖区人才库，夯实人才工作基础。2018年，湖田街道人才工作办公室共走访辖区企业专家人才50余人次，有效解决2名专家人才后顾之忧，确保了专家人才安心服务企业，真正做到了让乡村人才"留得住"的成效。

三、宁夏回族自治区的成功经验

实施乡村振兴战略，乡村人才是关键要素之一。宁夏回族自治区将乡村人才分成不同类型，打造"高层次领军人才＋高素质中坚人才＋高技能专业人才"三级人才链，为乡村振兴注入新动能。此外，宁夏回族自治区在培育乡村人才时，还十分注重让人才走出去，学习外省甚至外国的先进经验。

（一）高层次领军人才

宁夏回族自治区的人才工作首先注重高端引领，引进高层次领军人才来提高乡村建设的科技含量。

以青铜峡市为例，该市通过实施聚才引智、校地合作工程，依托自治区级技术创新中心、院士专家工作站、博士后流动站等创新平台，引进中国农业大学马会琴教授及专家团队，与宁夏葡萄产业协会开展"葡萄酒品牌营销推广"项目合作；引进天津科技大学贾士儒教授及专家团队，与宁夏顺宝现代农业有限公司开展"农业有机废气物治理创新"项目合作；引进江南大学姚惠源教授及专家团队，与中航郑飞塞外香食品有限公司开展"水稻新品种选育"项目合作。通过"人才＋项目"合作模式，发挥专家团队在技术研发和科技人才等方面优势，深化校地合作，实现产、学、研有机结合，解决青铜峡市农业产业发展难题，推动农业产业转型升级。

平罗县则通过"青蓝工程"培养专业技术骨干人才梯队，开展学科带头人"培树"工作，组织学科带头人牵头开展学术研讨、课题研究等活动，推动相关领域学科或专业发展；培养县级及以上学科带头人 50 名左右，各相关部门所属单位组织培养单位本级骨干人才 100 名左右。

（二）高素质中坚人才

除了引进高层次领军人才来提高当地科研水平外，还需要重视科研技术的实际效应。为此，汇聚高素质中坚人才是乡村人才建设中不可缺少的一环。

通过实施农技服务专家培养工程，青铜峡市举办了首届"中国农民丰收节"暨第二届"稻花香里"文化艺术节活动，评选了"十佳种植能手""十佳农机能手""十佳农民企业家"；成立涉及农业、畜牧、水产、林业等多专业领域的农技服务专家团，纳入全市优秀人才队伍管理，定期组织开展技能提升、帮带培育等活动。

贺兰县则积极谋划、组织农业企业申报国家、自治区人才项目。仅 2019 年上半年，就已组织北方高科、欣荣和食用菌、银川尧玥生物等 26 家企业申报自治区农业、工业、县域特色人才项目 28 个；组织易兴新材料、如意科技等 10 余家企业申报自治区"塞上英才""青年拔尖人才"等人才工程项目 14 个。通过项目申报争取区、市资金支持，贺兰县减轻企业压力、激发企业引才热情和投资项目的积极性主动性，加快本县的乡村人才建设步伐。

（三）高技能专业人才

除了高层次领军人才、高素质中坚人才两类高层次人才外，本土培育的农村实用人才也是乡村振兴的大基础。为了壮大高技能专业人才，更需要注重本土培育技术人才。早在 2014 年，宁夏回族自治区就启动建设自治区农村实用人才培训示范基地，建设 5 个重点县域培

（实）训基地，实施生产型、经营型、技能型、科技服务型、社会服务型 5 类农村实用人才培训计划，建立联动培训、培养开发、评价发现、经费保障 4 项机制，计划用 5 年时间，培训农村实用人才 10 万人。

青铜峡市依托农业广播电视学校建立农村实用人才培训基站，每年举办冬春科技实用技术培训 300 余场次，重点培训科技示范户和养殖大户 540 人次、新型职业农民培训 560 人次；依托产业基地、示范园区、协会组织等，打造小云、顺达 "农民田间学校" 示范点，辐射带动镇、村建立科技培训基地、农业专家大院等 68 个，新技术普及覆盖率达 95％以上。通过 "实训推广＋田间学校" 模式，培育新型农业经营主体带头人、种养大户等农村实用人才 1 500 余名。

平罗县则开展专业技术人员继续教育工作，每年由县人力资源和社会保障局牵头组织培训 1 000 人左右；各行业系统每年自行组织培训 1 000 人左右。此外，还通过开展以 "名师带徒" "拜师学技" 等为主要形式的人才 "传帮带" 活动，每个帮带周期为 3～5 年，直至被帮带人员取得中级及以上专业技术职务资格，注重城乡结对帮带，完成帮带 2 000 名左右。

固原市则紧扣 "实用" "适用" 两大主题，5 年实训 10 万名 "土专家" "田秀才" "大能人"，有效解决了农村实用人才培训与实际需求 "最后一道坎" 问题。如今，原州区头营镇石羊村的妇女个个都是 "土专家"，马生梅拿一把卷尺就能称出肉牛体重，杨德丽能给牛打防疫针，王志兰摸索出的青贮饲料土配方易学管用。以隆德县张程乡的张海娟为例，根据自己擅长针线活的特点，"点单" 参加了隆德县农村实用人才针织技术实训，很快成为一名熟练的纺织车工，赚到了不错的工资。

沙坡头区则创新路径，紧跟时代潮流，大力培育乡村电商人才以及旅游人才。首先，通过实施 "互联网＋精准扶贫" 电商筑梦计划，举办农村电子商务培训班，通过电商知识讲授、外出考察学习等方式，培训电商人才 760 人次。建成永康镇电商小镇、万齐农产品电商产业园、农特产品电商 O2O 体验中心，依托 "互联网＋" 农村电商平台，销售枸杞、硒砂瓜等优势特色农产品。正式投入运营农村电商村级服务站54家，注册入驻商家200多家，交易流量突破300万元，有效带动农民群众增收致富。其次，充分利用"沙、水"优势，以"五优"设施蔬菜标准化生产园区、现代化生态灌区、沙坡头苹果产业园、森沃鲜切花基地等为平台，打造集观光、休闲度假、康体养生等功能于一体的现代休闲农业。以乡村旅游人才培育为抓手，组建乡村旅游协会，培养乡村旅游人才300余人，建成"农家乐"222家、休闲观光农庄17个、民俗村庄9个，辐射带动农户3 845户，年营业收入实现1.3亿元，有力提振以全域旅游助推乡村振兴战略实施的信心。

（四）组织乡村人才走出去

早在2009年，宁夏回族自治区就首次组织12名农村实用人才和农业科研人员赴美培训。这12名农村实用人才中，有4人是以农民身份参加培训。此外，近年来宁夏回族自治区各市县也多有组织乡村人才去其他省份学习先进经验。

青铜峡市先后选派7名农技专家赴黑龙江省五常市等地参加研修学习，不断提升农技专家专业素质，完善益禾植保、铭泽农业农技专家服务基地建设，组织农技服务专家定期开展新品种研发等实践工作。

固原市为推行"田间学校""工厂车间"实训模式，依托"雨露计划创业致富带头人培训""阳光工程""新型职业农民培训"等项目，每年选派农村技术骨干、种养大户、农村经纪人等2 000多人赴福建南安、山东寿光、陕西杨凌等地实地学习种植养殖、中药材加工、机械操作等技术。充分发挥专项经费的杠杆作用，撬动和统筹各类农村实用人才培训项目资金1 200余万元。

四、四川省的成功经验

乡村振兴离不开土生土长的本土人才，也离不开从四面八方回归的返乡人才；既离不开从外地而来的他乡人才，也离不开本地人才去外地交流学习。四川省将"内培"与"外聚"相结合，既输血又造血，引导人才向乡村集聚。

（一）人才内培

首先是做好本省的乡村人才培养工作。仅 2018 年 1～5 月，全省累计培训驻村农技员 2.29 万人次、村"两委"负责人 3.27 万人次、新型职业农民 2.40 万人次、农牧民 104.74 万人次，发放技术资料 147.89 万册（份）。并且在全省新型职业农民培育中把贫困地区符合条件的培育对象优先纳入培训计划。

以绵阳市为例，2018 年 6 月 12 日，绵阳市九龙镇的四川乡村振兴农民大学挂牌成立，作为全省首家农民大学，四川乡村振兴农民大学已储备高校教师 19 名、党政领导干部 10 名、优秀企事业专业技术人才 4 名和农村专业技术能手 13 名。开班两个月以来，四川省科技厅小浆果产业链首席专家、四川大学教授董顺文与四川金互通科技股份有限公司董事长伍中敏等都曾前来授课指导，在这两个多月里，这所农民大学就培训了各类人员 1 300 余人次。

在成都市郫都区，积极探索"3＋1"人才培育模式，以郫都区唐昌镇战旗村为中心，2018 年至 2019 年初，共计在全区范围内开展乡村振兴技能培训 50 期、培训 2 826 人；开展创业意识培训 469 人次，实现成功创业 42 人；创新举办了"首届乡村技艺技能大赛暨乡村人才振兴六大技能培训行动成果展"，共计 18 名选手获得"郫都乡村工匠"荣誉称号。

成都市大邑县人力资源和社会保障局培养相关创意产业农业职业经理人 1 183 人。同时，充分利用成都技师学院大邑分院等资源，开展乡村人才实训培育，建立 16 家就业见习基地。

孝德镇年画村则作为绵竹年画发源地，传承年画非物质文化遗产，将文创与农业旅游融和乡村人才培养结合起来，以"大师坊＋文创社区＋乡村人才"协同发展方式，将年画文化资源转化为经济优势，将乡土人才培养为有年画技艺的多面手，切实带动周边农户及返乡农民工增收。2018 年，年画产品销售额达 4 000 余万元，年画村村民人均纯收入 22 000 元。自 2019 年以来，乡遇画里·文创社区景区游客接待数量达 40 万余人，景区收入达 2 700 余万元。

（二）人才返乡

在农村空心化趋势愈加明显的现在，如何吸引本村外出人才返乡、让愿意留在乡村、建设家乡的人在乡村振兴中出一份力是乡村人才工作的重点之一。四川省社会科学院在调研中发现，不少有能力、有资源、有潜力的农民工群体具有十分强烈的返回家乡、振兴家乡的意愿，为此，各市县也纷纷开展各项人才返乡政策，吸引乡村人才返乡。

绵竹市在乡村振兴中提出不仅要政策留人、产业留人，还要做到情怀留人。要激发返乡创业中的大学生、高精尖人才、退役军人、农民工等对家乡的热爱，心存建设家乡的责任感和使命感，并且在情怀留人的基础上，要保证对返乡人才给予政策支持。在此基础上，绵阳市于2013年提出"引凤还巢壮产业，返乡创业铸辉煌"的政策口号，本市拱星镇红旗村村民杨洪东紧跟政策号召，放弃了在德阳经营良好的生意，回乡创立绵竹市川红种植专业合作社。通过绵阳市东辰集团"订单农业"的支持，川红种植专业合作社确定了"公司＋支部＋合作社＋农户"的发展模式。两年后，合作社带动全村农户种植豇豆360余亩、青菜800余亩、香葱240亩、大蒜50亩，获得利润近500万元。到了2017年，更是带动贫困户17户，吸纳22名有劳动力的贫困户在合作社务工，对农民进行实用技术培训200余次。此外，合作社还为农户免费提供豇豆种子及青菜种子，并成立了爱心志愿队，为孤寡老人做居家服务。不仅做到了人才返乡，还做到了产业脱贫。

巴中市通江县是全国第三批结合新型城镇化开展支持农民工等人员返乡创业试点县，通江把在外务工人员作为招商引资的重点对象。在此基础上，通江县针对性地出台了《关于支持农民工等返乡创业实施意见》《关于进一步做好新形势下就业创业工作的实施意见》等文件，创新开展返乡创业项目行政审批代办、金融信贷领办、公共服务快办、跟踪协调促办，开辟智力、技术、管理下乡"绿色通道"。通过人才返乡创业，更是在当地起到了良好的带富效应。以巴中市通江县村民张育贤为例，2009年，张育贤放弃年薪300万元的外企CEO工作，回乡带领农民发展当地的巴山土猪——青峪猪养殖。2017年

11 月 7 日，巴山牧业股份有限公司成功登陆"新三板"，成为巴中市首家上市企业。到了 2018 年，公司已通过"政府＋银行＋保险＋企业＋农户"模式，带动 2 000 余户贫困户养殖青峪猪脱贫致富，到 2020 年公司带动 1 万户农户通过养猪稳定致富。

（三）人才引进

为加快乡村人才引进步伐，四川省多地政府纷纷出台人才引进政策，如隆昌市、泸州市等地纷纷在网上公布引进乡村振兴急需紧缺专业人才的相关公告。此外，很多市县也纷纷出台了人才引进的配套政策。

以巴中市为例，该市出台《关于人才支撑产业发展的实施意见》系列配套政策，让外来乡村人才享受到安家、落户、科研等一系列优惠政策，没有了后顾之忧。2013 年，毕业于四川农业大学动物遗传育种与繁殖专业的研究生廖坤，通过"校企"合作的方式和人才引进政策，廖坤通过考核招聘成为通江县农业局畜牧站一名工作人员。此外，根据出台的《关于实施"巴山优才计划"的意见》《巴中实用人才开发计划实施细则》等文件，巴中市进一步强化乡村人才支撑，到2020 年，全市技能人才总量增加到 7.5 万人，高技能人才增加到 1.5万人，培养优秀农村实用人才 3 000 人。

岳池县通过"县引村用、岗编分离"模式，引进农林牧渔、文化旅游等领域专业人才 150 名，到深度贫困村和软弱涣散村工作。通过加大乡村人才待遇、网上公开招聘手段，引进了不少乡村人才。以2018 年的公告招聘为例，当年发布公告首批引进急需紧缺专业人才50 名，发布公告仅 8 天报名人数达 155 名。

遂宁市则是采取推动城镇优质人才下乡来缓解乡村人才引进难的问题。2018 年，遂宁市出台了《关于实施乡村人才振兴计划聚智聚力决胜全面小康的实施意见》，明确将严格落实乡镇补贴、县以下机关公务员与职级并行制度。依据政策规定落实完善学费补偿、助学贷款代偿、高定工资档次（级别）和放宽职称与评审条件等就业优惠政策。做到"乡村规划师的工资待遇比普通事业编制人员高"，用高待遇来完善人才引进工作。

第三节　国外乡村人才工作的经验借鉴

尽管乡村人才工作需要因地制宜，但同样他山之石可以攻玉。本节主要介绍美国、德国、法国、日本等主要发达国家在乡村人才培养工作上的做法。通过对上述国家经验的横向比较，可以发现存在着一定的共性特征，如乡村人才开发法制化、乡村人才培养方式多样化、乡村人才培养资金投入多元化等，可以提供参考。

一、美国乡村人才工作的主要做法

美国是农业大国也是最大的发达国家，其在乡村人才建设工作上有不少举措和经验。

（一）加强农村人才培养立法

美国是世界上最早重视农村人力资源开发的国家之一。1862年，美国颁布《莫里尔赠地学院法》，在各州分别建立一所赠地学院，为农村培养农业及农机专业人才；1887年，则进一步颁布了《汉奇农业试验站法》，要求赠地大学建立农业试验站，进行农业科学研究；1914年，美国国会颁布了《史密斯-利弗农业推广法》，授权赠地学院的农业推广可以得到联邦政府农业部的合作和支持，建立了联邦农业技术推广局、州农业技术推广站和县农业推广站三个层次的农业技术推广系统。

此后，1933—2008年，美国政府总共颁布实施了15部农业法案，如1946年的《乔治-里德法》、1963年的《职业教育法》等都强调了乡村人才培养的重要性。这些法律法规也为美国乡村人才培养提供了有效的制度保障。

进入21世纪后，美国对农村人才培养的立法支持力度仍旧持续。2013年，美国颁布《农业改革、食品和就业法案》以及《联邦农业改革和风险管理法案》，指出要继续提高对农村人才培养的支持力度。

（二）稳定培养经费投入

首先是美国财政在乡村人才建设中的投入。据统计，美国财政每年用于农民教育的经费高达 600 亿美元。2014－2018 年，美国每年向农村人才培养项目支出达 8 500 万美元，通过联邦、州、地方三级财政进行支付；参加公立人才培养机构的受训人不仅不需要缴纳学费，反而可以获得一定的培训补助。

以 BFRDP 计划为例，这项在 2008 年被批准的农业法案全称为《新农民和农场主发展计划》（Beginning Farmer and Rancher Development Program，BFRDP），旨在为新农民和农场主提供教育、培训、推广及指导服务，确保新生代农民的成功。计划通过后，美国政府在 2009—2012 年，共投入 7 500 万美元，以用于提升新农民和农场主的生产技能和经营管理能力。2014—2018 年，则提供 8 500 万美元用于新农民和农场主培训，并将培训对象扩展到有意愿从事农业生产的退役军人。

其次，社会资助也为美国的农民教育提供了充足的经费保障。同时，美国各大农业企业也开始将雇员的教育和培训放在战略地位，对教育和培训的投资逐年增加。

（三）开展农业教育及科研

首先是对高水平农业科研及教学上的投入，来增加农业高端人才。美国除联邦农业部、各州农学院、实验站和推广站以外，还在农业部下设农业生产局、处，以及建立了 4 个国家级研究中心和 10 个地区中心。除此之外，如得克萨斯州农工大学等高校的教育和科研水平同样十分优秀。通过高校、研究中心、推广站等部分，进行产学研相结合，输出了大量农业高端人才。值得一提的是，除了培养高端人才外，美国公立大学内进行的农业培训同样是美国农村人才培养的最主要形式之一。这种培训主要面向成年农民，培训地点不限于教室，农场、果园和田间都可以成为教学地点，培训时间大多在农闲时节。

其次，在重视高等农业教育的同时，美国的中等农业教育也有良好的发展。在开展中等农业教育的学校中，既有独立设置的农业中学，也有普通中学。这些中学主要由公立大学主导，在农村高中组成，针对性地开办农业课程。据统计，美国全国约有 3 500 所中学开设农业职业教育课，约有 1/3 的高中学生选修。通过这些课程的学习，充分培养学生对农业的兴趣，为美国农业的发展准备了充足的后备力量。

（四）建立农业培训服务体系

为提高美国农民专业水平，需要健全农业推广服务体系。为此，除了通过高校科研院所以及中等学校来输送农业人才外，美国通过多种途径来强化农民教育和培训，进而提升新农民和农场主从业能力。因此，各种针对性强的短期流动班、巡回讲习班、函授教育等应运而生。如在农村开办农民培训班，利用冬闲对青年农民进行系统培训；还举办农民进修深造班，向成年农民传授新的技术知识。这些农业培训机构既有官方的机构，也有民间的机构。

首先，美国设立了联邦农业部农业合作推广局来专职负责农村人力资源开发的管理工作，具体培训工作由州立农学院推广处负责管理培训机构。具体来讲，就是由美国联邦政府农业部设立农业合作推广局，各州设立推广服务中心，各县设立推广站和由农民组成的推广顾问委员会，全国拥有专业推广人员 1.65 万人左右。

其次，加大对赠地学院涉农专业的资助力度，提高新农民的受教育程度。同时，通过提供政府补助等方式鼓励农场主向学生提供兼职和学徒机会。

再次，各级政府每年都要举办一次农业集会或农业博览会，安排各种农业讲座及农民所关心问题的讨论会。这种农民集会或农业展览会也是美国当地对农民进行农业专业培训的一种常见形式。

除此之外，美国还鼓励民间组织参与农民培训。除了大力发展公立职业学校进行农民专业培训教育外，美国政府还积极鼓励各行业、公司企业、社会团体和个人举办不同层次和类型的农村职业教育。例如，美国政府还鼓励发展"四健会"和美国未来农民协会等全国性或地方性青年农民业余教育机构培训农民，进而提升乡村人才建设。农业部和州政府还会拨款资助协会的发展。

（五）提升农村对农业人才的吸引力

除了培养人才外，为了使人才留住，美国政府还通过改善农村生产生活条件、完善农业补贴的方式来增加农村和农业对新农民的吸引力。

首先，良好的生产生活环境有助于留住人才。自 2002 年以来，美国联邦政府用于改善农村基础设施的资金达 1 700 亿美元。2013 年，美国农业法案授权农业部为农村地区拓展宽带服务提供赠款和贷款组合；同时，提供竞争性赠款和贷款资金，支持设备和基础设施的改善，尤其是通过政府资助和贷款支持农村地区水资源开发、存储、处理、净化以及污水与废弃物处理及处置。值得注意的是，法案指出每年要通过非营利组织提供 2 500 万美元竞争性资助，援助农村地区公共供水系统建设，其中人口少于 5 500 人的农村社区是优先发展的重点。

其次，是通过完善农业补贴的方式来吸引人才来农村创业发展。2013 年，美国农业法案进一步调整和完善农业补贴政策。其中，《美国农村能源计划》（Rural Energy for America Program，REAP）简化了农民和农村企业申请中小型农村能源计划的程序，通过在 5 年内投资 2.41 亿美元帮助农民、农场主和农村企业；通过安装可再生和节能设备降低在能源方面的支出。依据资金额达 1.93 亿美元的《生物质作物援助计划》（Biomass Crop Assistance Program，BCAP），农民种植多年生生物质作物可获得最高 50% 的成本补贴。

二、德国乡村人才工作的主要做法

德国在乡村人才发展工作是欧盟中的典型代表之一，其人才开发在人才认证和教育模式等方面上都有其独到之处。

（一）双元制职业教育模型

德国教育模式最大的特点是双元制教育模式，所谓"双元制职业教育"就是传统学徒制与现代职业教育相结合。整个培训过程是在工厂企业和国家的职业学校（Berufs bildenden Schule，简称 BBS）进行，并且这种教育模式以企业培训为主，将企业中的实践与职业学校中的理论教学密切结合。它通过学院内的理论教学和培训企业的实践教学交替进行，最终培养出理论和技术双优的人才，为德国的产业发展提供高水准的技术人才。

在双元制教育中，企业是主体，企业为学生教学实践提供规范的培训车间、实训基地，为学生实践提供相应的生产岗位、精良的设备及实训原材料，为学生实训制订完整的培训计划，并选派专门的培训师傅"传帮带"。学生的培训经费由政府和企业承担，并支付给受培训的学生学徒津贴。政府出资约占总经费的 29%，企业约占 71%。

具体在农业人才培养中，双元制职业教育所认可的农业职业必须是德国联邦职业教育与培训研究所、企业、农业协会和社会团体利益相关方提出政策建议，之后报请有关部门核准，再通过职业教育规定以立法形式加以确定。由于其中有企业、农业协会和社会团体利益相关方的参与，农业职业的认定从开始就是以市场为导向，十分符合乡村人才建设需求。目前，双元制模式下农业职业教育主要分为 14 种职业：农业服务专业人员、农民、渔民、牲畜养殖户、养马专业户、园艺师、猎户、林业农民、葡萄种植户、酿酒师、农业技术助理、奶制品技术员、奶制品实验员、园艺工人。

（二）农业职业教育体系

除了实践和理论相结合的双元制教育模式外，在学校设立上也是分不同层次对不同需求的乡村人才进行培养。2005 年，《联邦职业教育法》把德国职业教育分为中等职业教育预备、中等职业教育、职业进修教育（适应性进修和晋升性进修）及职业转行教育四类，农业教育制度主要包含前三类职业教育模式。

一是中等职业教育预备阶段。该阶段针对主干中学的 9 年级以及 10 年级毕业生，除了基础文化课外，还教授相应的基础性农业理论知识和农业实践能力，为学生进入双元制职业中学做准备。

二是中等职业教育阶段。该阶段的农业职业教育主要是以双元制职业中学为主，学制为 3 年；通过双元制职业中学教育学习并实践农业知识，涉农课程内容包涉及作物种植、牲畜养殖及其他农业技术知识；最后学生需进行理论和实践考试，及格者成为职业农民，获得学徒证书。

三是职业进修教育阶段。该阶段的主要学校类型是高等专科学校，其形式具体有农业学校或一年制农业高等专科学校、农作物种植高级学校、农业技师学校等类型。

农业职业教育体系为德国农业企业输送了大量专业人才。2010年的统计数据表明，德国 69% 的农业企业管理层都接受过职业教育，其中具有农业高等教育学历的占 10%，具有职业进修教育学历的占 59%，具有中等职业教育学历的占 31%，持有专业资格证书或师傅证书的人数达到了 22%。

（三）乡村人才等级认定制度

德国将农业从业资格法律化，结合完善的农业职业教育体系，使得要成为乡村人才尤其是职业农民，不仅需要参加不同层次的专业化教育培训，还需要在学习后完成相应的农业职业资格考试；只有结业考核合格、取得专业证书，才能从事相关农业工作。具体的农村人才等级证书如表 1 所示。

表 1　德国农村人才等级证书

等级	证书	标　准	证书功能
1	学徒证书	进入企业或农场进行实践学习，通过结业考试	初级证书，但非合格职业农民
2	专业证书	进入农业院校进行 3 年培训并且通过结业考试	农业专业人才，合格职业农民
3	师傅证书	进入专科学校进行 1 年培训并且通过结业考试	具备经营农场、农业企业的资格
4	技术员证书	进入专科学校进行 2 年培训并且通过结业考试	担任技术指导
5	工程师证书	通过附加考试进入高等院校进修	担任农业工程师（欧盟颁发）

（四）优化乡村人才工作福利

一方面是针对农业企业。德国政府将企业花费的培训费用，如工资、保险、津贴等，都计入生产成本，待企业售出产品时，再对其减免税收，通过免税手段调动企业参与农民培训的积极性。

另一方面是针对乡村人才自身。对于要参与培训的农民，采取免交杂费并获得伙食补贴等手段，来调动其积极性。对于已成才的农民，则推出青年农民计划，主要通过资金扶持 40 岁以下的青年农民；同时，所有从事相关农业工作的人都可以获得一定的、年限不得超过 5 年的额外津贴。

三、法国乡村人才工作的主要做法

法国与德国作为相邻的欧盟国家，与德国在乡村人才建设上有一定相似之处。其农民职业教育培育体系十分完善，同时也通过立法及农民资格认证的方式来保障其农民职业教育培育体系的成效。

（一）农民职业教育培育体系

法国的农民职业教育培育体系包括短期农民职业培训、中等农业职业技术教育和高等农业教育 3 个部分。

一是短期农民职业培训。主要面向大众农民，课程传授实用性强，教育形式灵活多样，培训时间不等。

二是中等农业职业技术教育。这是农业职业教育的主体部分，其不仅学校数量多，而且类型也较为多元，教育覆盖面较广泛，主要培养农业技能人员和农业生产运营人员。其中，农业职业技术高中是中等农业职业教育的主要机构，这些学校的规模各不相同，从数百人到数千人不等。截至 2016 年初，全法国（包括本土及海外领地）共有农业职业技术高级中学 838 所，其中公立学校 236 所、私立学校 602 所。此外，法国还拥有农业技术学徒培训中心 193 所，其中公立培训中心 119 所、私立培训中心 74 所；农业职业培训中心共计 500 所，私立培训中心和公立培训中心的比例各占一半。

三是高等农业教育。农业高等教育的层次最高，主要目标是培养高级乡村人才等。以单科性的高等专科学校数量占多，公立和私立均有，强调应用性，办学规模相对有限，如巴黎高等园艺学校及格里戎农学院等。

总之，3 个层次的乡村人才培养教育使得法国农业教育体系更加全面、实用性强，做到了培训内容广、受教育对象多、成效高的目的。

（二）立法保障乡村人才工作

1960 年，法国政府颁布了《农业教育指导法案》，将中等农业职业教育置于优先发展的地位，并依法给予补贴政策。

1985 年，法国确立了"农业资格证书"制度，确立了教学与就业相结合的机制，也严格了资格考核方式，增加了资格证书的含金量，为学生就业创造了平台。

1999 年，法国政府与法国农业协会签订了《促进青年农民就业与创业宪章》，进一步对青年农民进入农场、农业企业或自主创业提供专项资金支持，并提供额外的教育服务支持。

这些法案法规及资金支持，有力地调动了农民参加教育培训的主动性，为法国乡村人才建设的顺利展开提供政府支持。

（三）严格审核乡村人才资格

法国政府规定农民必须接受职业教育，只有取得合格证书，才能从事农业经营、享受国家农业补贴和优惠贷款。因此，法国中等农业职业教育文凭并非是单纯的毕业证书，还包括各类资格证书。

目前，法国农民培训的职业资格证书从低到高依次有农业职业教育证书、农业专业证书、农业技术员证书、高级技术员证书 4 种，层次分明，可以逐级晋升，实行职业准入。

为了对证书颁发进行严格审核，把控好乡村人才的职业素质，这些毕业证书和资格证书由教育部会同法国职业认证委员会统一制作、颁发。同时，其考核标准较为严格，直接关系到中等农业职业教育机构的教学活动，甚至是农业企业招聘工人的标准。

四、日本乡村人才工作的主要做法

由于日本自然资源相对贫乏，耕地面积少，因此，为振兴农业发展、解决农业老龄化问题，日本政府将培养职业农民、开展乡村人才工作作为重要的解决方法。

（一）建立完善的法律体系

第二次世界大战后，为振兴农业发展，日本颁布出台了一系列政策法规，至今已形成一个完善的乡村人才培养法律体系。

20世纪40年代，日本先后颁布了《学校教育法》《农业协同组合法》《农业改良助成法》，第一次以立法的形式将农民教育放到了重要的地位。明确规定设立农业综合高中、成立农协以及农民教育协会、设置农业改良普及组织，专门负责农业技术的研究与推广。

20世纪50年代，日本又相继颁布《农业改良资金援助法》《产业教育振兴法》《青年学级振兴法》，其核心内容均是为农民教育事业的顺利推进提供资金保障，同时更加注重对农村青少年的培育。

20世纪60～70年代，农业劳动力老龄化的问题逐渐凸显。为此，日本又相继颁布《农业基本法》与《农业振兴法》，在强调了农民职业教育重要性的同时，构建农村社会保障制度来留住乡村人才。在这一阶段，日本财政对农村教育事业进行了大规模投入，为之后农民教育体系的构建奠定了基础。

20世纪80～90年代，日本通过颁布《农地法》《农地改良法》等法律促进土地的流转，以此来吸引更多的青年劳动力。

1999年，《粮食、农业、农村基本法》颁布，该法成为进入21世纪后日本农业的基本法。该法案明确提出国家要加大对农村教育事业的财政支持。目前，日本农业教育的经费全部来源于财政的支持，其中近70％由国家财政负担、30％由地方政府负担，有效地保证了乡村人才建设的资金保障。

（二）制定乡村人才国内外进修制度

为使务农青年学到广博的知识和科学的经营方法，开阔视野，树立农业国际化和经济全球化意识，日本采取了把青年派往国内外先进农家或团体去进修的做法。派遣工作主要由全国农村青少年教育振兴会和国际农业者交流协会负责，活动经费由政府补助。

首先开始的是国外留学制度，即把农业青年以及有从事乡村事业的青年派遣到欧美先进农业国家进行学习。该制度从20世纪50年代开始，并不断地制度化。1952—2010年共计派遣了1.2万多人次进行出国学习交流，为青年农业生产者提供了向欧美发达国家学习先进农业生产技术与管理经验的途径。

后来开始的是国内留学制度。该制度从1963年开始执行，通过派遣 30 岁以下的农业青年以及有从事乡村事业的青年到国内先进农业团体处进行学习教育。该制度的主要实施者为全国农村青少年教育振兴会，1963—1992 年共计派遣了 1.78 万人在国内进行研修学习，已经逐渐替代了国外留学制度，成为农林水产省主要的农民职业教育的重要组成部分。

（三）充分发挥日本农协的农民职业培育作用

日本农协是其农民职业培育体系中的重要一环，对农民培训工程的推进发挥了重要的作用。日本农业协同合作社会员遍布全国，有 90％以上的日本农民加入了农协，并且由自民党进行经费支持。因此，农协对农民能够起到很好的组织作用。

农协不以营利为目的，教育主要以讲座、交流和短期培训等形式开展，内容大多为农业推广，针对基层农民开展土壤的科学利用、农业经营目标诊断、经营类型选择、有机农业生产者培育等方面的指导和培训。这种公益性的活动，既有效节约了日本政府在农业教育体系上的财政支出，又提高了农民的生产技能，为日本乡村进行了稳定的人才培养工作。

（四）利用财政手段推进乡村人才建设

一是推行教育高投入的财政制度，确保教育的持续发展。第二次世界大战后，日本政府进一步加大了义务教育财政投入力度。到 1973 年，日本公共教育投资年均增长速度达到 17.6％，成为当时政府教育投资增长速度较快的国家。

二是实行优惠低息贷款政策。日本政府制定了有关农业补贴利息政策，计划由国家补贴利息，向农户提供长期的低息贷款，为促进农业现代化提供了必要的资金支持。日本政府的这一系列政策进一步激发了农村劳动力参与培训的积极性，加快了农村人力资源开发。

三是进行税收减免及补贴制度。日本于 1993 年制定了"认定农业者制度"和"骨干农业经营者培育制度"，对认定农业者进行技术培训和税收优惠。到了 21 世纪后，日本提出骨干农业者培育政策，进一步对乡村人才给予政策支持。同时，日本制定了青年务农补贴制度，对中青年务农者每年支付 150 万日元补贴，以有效吸引青年才俊从事乡村农村工作。

五、美、德、法、日乡村人才培养的比较

表 2 简要整理了上述美、德、法、日农村人才培养的主要措施。从上文及表 2 中可以看出，这些发达国家在乡村人才培养中存在这一定的共性特征，如乡村人才开发法制化、乡村人才培养方式多样化、乡村人才培养资金投入多元化等。

表 2　美、德、法、日乡村人才培养的比较

国家	法律体系	乡村人才教育体系	部分政策措施
美国	《莫雷尔法案》《哈奇法案》《史密斯-利费法》	联邦农业推广局、州立大学、县级农业推广部门"三位一体"公立学校的正规农业教育和由校外组织的农业服务推广教育构成的"双轨制"并行	加大乡村地区基础设施建设　调整户籍登记制度　加大农业补贴力度
德国	《职业教育法》《职业训练促进法》	传统学徒制与现代职业教育相结合的"双元制"与严格的人才等级认定制度相结合	健全养老保险制度　完善的基础设施建设　在农业财政与税费上给予支持
法国	《农业教育指导法案》《促进青年农民就业与创业宪章》	人才资格证书及职业教育体系相结合	给予财政和税费支持　重视农业基础设施建设
日本	《学校教育法》《农业改良助成法》《农业改良资金援助法》《产业教育振兴法》《青年学级振兴法》	由文部科学省系统的初等、中等、高等教育和农林水产省系统的农业技术普及教育与农协教育两部分构成	强制全民参与养老保险　重视农业基础设施建设　建立认定农业者制度并给予生产大户资金与技术支持

第六章

为新型乡村人才保驾护航

第一节　探索公职人员回乡任职管理办法

在 2018 年发布的《中共中央国务院关于实施乡村振兴战略的意见》中就已提出鼓励公职人员回乡任职的想法，并研究制订相关管理办法，探索回乡任职的相关事宜。在 2018 年之前，浙江省宁海县就开始人才"内育外引"的实践，推出民间人才"千人计划"、"村级后备干部千人计划"、"第一书记"全日制驻村帮扶、"乡贤返村"计划等一揽子农村人才新政；一面"引凤筑巢"，吸引懂生产、技术、市场的人才来到农村，一面"自己造血"，精准培养本土人才，吸引本土能人返乡；率先以全脱产的形式选派 3 批、共 166 名优秀县管后备干部任"第一书记"；呼唤在外乡贤为村庄发展作贡献，宁海县各镇开展了能人返乡工程，成为乡村振兴的重要力量。

鼓励公职人员回乡任职，能够更好地为我国乡村振兴战略提供人才，做好人才储备。这是结合我国实际情况作出的决定，能够充实农村领导团队力量，打破农村与城市之间领导机制存在的障碍；既培养乡村干部，又助推我国乡村振兴战略的开展；通过构建回乡机制、搭建回乡平台、提出优惠政策及给予荣誉等措施，推进、探索公职人员回乡任职的开展，为乡村发展提供人才保障。

一、完善待遇保障措施

公职人员回乡任职面临的困难较大，任务较为艰巨，环境陌生，这就要求回乡的公职人员政治素养较高，敢于吃苦耐劳，了解乡村情况。因此，为了激励广大公职人员回乡任职就需要完善一系列待遇保障措施，为其提供好的待遇保障更加有利于激发公职人员回乡热情，提高工作积极性，与乡村融为一体，热爱乡村，为乡村发展出谋划策。江苏省海门市从 3 个方面鼓励公职人员回乡任职。一是按照"专人跟踪、全员负责"的服务要求，构建起覆盖全域、上下贯通、职责明确、精准高效的创新人才服务体系，同时进一步优化社会保障、文化教育、健康医疗等方面的服务。二是探索"社会领投＋政府跟投"融资模式。运用这种融资模式以及创业投资引导基金，完善创业投资风险补偿机制，缓解创新企业"最先一公里"的资金来源问题。同时，试点推出创业保险新产品，努力降低创业风险。三是打造"品质生活＋互动空间"生活环境。开辟互动空间，举办音乐会、体育联赛以及各类专业论坛、技术沙龙、交流研讨等活动，努力营造崇德向善、开明开放、精致大气的人文环境。

（一）建立回乡最低工资标准机制

工资不仅能够满足人们生活所需，同时也是个人价值的一种表现形式，要努力减少公职人员回乡任职的机会成本，应当明确返乡公职人员的最低工资水平，建立回乡工资最低标准机制。公职人员回乡任职的最低工资至少要与其在原单位时的工资水平相近，使公职人员保持心理上的平衡感，也能够满足其生活所需资金，维护返乡公职人员作为劳动者的合法权益，在享受经济科技发展带来进步的同时实现自我价值，为乡村发展贡献自己的力量。

最低工资标准的范围应当进行明确规定。公职人员返乡法定工作时间内应给予的劳动报酬；返乡公职人员婚假、孕假及白事等假期期间属于正常的工作时间之内，予以工资。返乡公职人员在恶劣环境下工作得到的补贴、加班给予的工资以及我国法律明确规定为劳动者福利待遇的项目资金，如社会保险、伙食补贴、防暑降温费等内容，不应当纳入最低工资标准之内。明确最低工资标准的范围有利于发放过程顺利、科学展开，避免各地政府在执行过程中产生不必要的分歧。

工资也是公职人员回乡的动力之一，是一种奖励的形式。因此，要结合不同地区的实际情况，在不为就业乡村政府资金带来压力的前提下，建立工资最低保障机制，争取制定的工资水平要高于最低工资，这样能够很好地产生激励作用。在部分资金困难的乡村，需要上级政府设立专门的资金用于公职人员返乡的工资支付。允许不同地区的最低工资标准存在一定的差距，要结合当地的经济发展水平，也要结合不同的岗位与返乡人员原来事业单位工资水平等因素灵活制定；工资的发放要准时，避免拖欠工资现象的出现；工资的发放要遵循公开、公平、公正的原则，发放程序要规范，避免徇私舞弊等不良现象的出现。

（二）建立档案，完善管理

要加强对返乡公职人员的管理，了解公职人员在乡村工作的实际情况，要建立专门的返乡公职人员档案，对其功过及日常工作行为、带领乡村取得的新进展、引导乡村开展的项目活动、任职期间乡村经济发展状况及取得的成就等能够反映任职人员工作成效的内容进行记录。建立档案的意图是为了记录返乡公职人员这一工作经历，同时也是为晋升提拔提供依据，即公职人员返乡待遇保障的一方面。

要设立专门的档案全面真实地反映返乡任职人员的工作状况、反映出人才拥有的能力与乡村有关的知识等内容。档案具有较为重要的作用，当公职人员返回到本单位时，要将档案进行备份或者直接调转到原单位；当单位存在晋升机会时，要优先考虑在返乡期间表现良好及业务水平高的公职人员；提升公职人员薪酬水平时，也要考虑其在返乡期间的表现状况。建立档案有利于返乡的公职人员就面临的问题进行沟通与交流，当面临困难时，可以查询档案了解曾经面临此问题的返乡公职人员，可以参考其记录在档案中的做法，甚至与其取得联系就这一问题进行探讨。这样做具有十分重大的意义，能够持续推进我国乡村振兴人才的培养工作，为乡村振兴建立人才储备库，为后续工作的展开提供借鉴依据等。

档案的记录要遵循客观的原则，对公职人员工作期间的实际情况进行实事求是的记载，每一乡村工作单位要安排至少两名人员负责档案的编写过程，这一过程要接受来自各方面的监督与审查，每半年对档案进行一次更新，要求覆盖内容全面、真实、可信，并且记录完毕还要在适当范围内进行公布，接受来自各方面的修改意见。

加强对返乡公职人员的管理。可以设置专门的机构创建网页宣传公职人员回乡的相关政策及优惠待遇，帮助有回乡意愿的公职人员了解具体内容及办理手续程序，增加服务交流与咨询通道，为返乡公职人员解答方方面面的疑惑，最大限度地保障其利益，在全国营造出公职人员返乡工作的热潮，为我国农村发展培育人才。

（三）保障返乡公职人员福利待遇

福利待遇也是报酬的一种形式，但它是非现金形式的。公职人员在返乡时，也会考虑包含的福利待遇如何。因此，应当采取措施保障返乡公职人员的福利待遇，提高福利待遇水平。公职人员返乡期间福利待遇的内容应当包括保险、培训、各种综合补贴、带薪休假等。福利待遇虽然是薪酬的补充形式，但是如果返乡后福利待遇与原单位存在差异，公职人员会存在心理落差，从而影响公职人员工作的积极性，无法充分发挥出人才的重要作用。福利待遇的发放要遵循公平的原则，同一级别的返乡公职人员福利待遇水平相同，高一级别的返乡公职人员可以享受高一级别的福利待遇，以此在提高返乡公职人员生活水平的同时，更好地发挥出福利待遇的激励作用。

提供社会保障。主要从养老保险和医疗保险两方面为返乡公职人员提供社会保障。该两种保险至少要与公职人员在原单位时的水平相同，甚至保障水平更高一些。养老保险的作用主要是为公职人员老年生活提供重要保障；医疗保险的作用主要是当公职人员生病时最大限度地减少其金钱损失。公职人员返乡工作对环境较为陌生，应当在医院成立专门窗口为公职人员优先快捷服务，成立热线为生病的公职人员提供送药服务及疾病咨询服务，提供较高水平的社会保障服务，确保返乡公职人员身体健康，能够促进其为乡村发展贡献力量，从侧面促进我国乡村发展水平的提高。

发放住房津贴等补助费用。公职人员返乡工作时可能会携带妻儿一同前往，有些公职人员甚至会选择留在乡村等地点长期工作，就面临着买房的问题。如今房价十分高昂，不管公职人员所居何处，买房都是一笔不小的开销。公职人员返乡工作，需要了解许多崭新的知识和政策，应当给予返乡的公职人员更好的住房津贴，为公职人员生活提高保障的同时，心理上也感受到激励和鼓舞。有些公职人员会选择乡村和原单位两头奔波，同时处理两方面的事务，不仅十分繁忙也十分辛苦，产生高额的交通费。因此，对于这种返乡公职人员以及经常出差、四处调研的公职人员就应当依据实际情况进行交通费用补贴，为公职人员出行提供便利条件。当返乡公职人员较多时，有条件的地区可以建立公职人员返乡食堂，提供健康、营养、价格低的三餐，为返乡公职人员的饮食及健康提供保障，条件不允许的地区可以发放饮食补助费，减少公职人员在饮食上的费用，提高公职人员的满足感。在环境恶劣地区工作的公职人员可以发放额外补助，在节假日也应当发放一些礼品及食物，如中秋节为公职人员发放月饼、端午节发放粽子等，使公职人员产生归属感和依赖感，多方面、全方位地为返乡公职人员提供福利及补助，在保障公职人员生活质量的前提下，使其安心为乡村服务，促进我国乡村战略的实施。

二、落实工作和生活条件

（一）落实工作条件

工作条件主要是指公职人员返乡工作的设施及环境，也包括劳动强度和工作时间等内容，落实返乡公职人员的工作条件应当从这几方面综合入手，改善工作条件才更加有利于引入人才，为我国乡村事业的发展注入新的活力。

1. 保障工作设施　返乡公职人员工作设施主要是包括办公室场所以及办公所需设施及材料等。为了推动公职人员返乡活动的展开应当为公职人员准备办公室等基础设施，确保公职人员有服务于乡村的最基本条件及思考的场所。有办公场所的乡村应当充分利用资源，打扫好地点并且按部门等进行分区或者直接将公职人员办公场所安排进乡政府相应部门内，在充分利用资源的同时有利于互相交流，帮助返乡公职人员在了解情况的同时便于更加科学地决策。没有办公场所的乡村应当在经济允许的条件下建设办公设施，划定专门区域用于建设办公楼，建设材料统一购入并且详细记录账面情况；经济较为困难的地区可以向上级政府申请批复建设资金，申请建设项目。保障返乡公职人员有办公场所，这是公职人员返乡任职基本的条件和物质基础。也应当满足公职人员在办公中所需要的其他材料，如决策时需要本地区其他相应的资料，应当及时迅速给予满足；一些基础的办公材料及设施也应当具备，每间办公室必须具备一台打印机，每层办公室至少设立一间卫生间和饮水处，夏季炎热的地区应当配备电风扇和空调，配备用于交流沟通的电话机及查询资料和办公所需的电子计算机。在保障公职人员返乡工作设施的过程中，有困难的地区从上级政府部门进行资金申请，最大限度地保障办公所需的物质基础。

2. 改善工作环境　　工作环境会影响返乡公职人员办公的质量和效率及办公心情，应当改善返乡工作公职人员的工作环境，从外部环境角度落实工作条件。返乡公职人员的工作场所应当设立在安静、无噪声的地点，长期处在噪声环境中不仅对身体有害处；同时也会影响公职人员思考，无法充分发挥公职人员的作用。避免办公场所附近存在刺激难闻气味，对办公室附近的垃圾进行统一处理，农村生活产生的废物规划统一处理地点。办公室保持干净洁净明亮，配备有窗帘等遮光设施；工作场所禁止大声喧哗吵闹，为返乡公职人员提供一个好的工作环境。

3. 保持合理劳动强度和劳动时间　　公职人员返乡工作需要了解的政策、学习的知识都较多，工作过度会导致效率低下、工作时间过长会导致精神萎靡，因此要设置合理的工作制度和工作内容，避免公职人员在返乡期间的劳动强度过大、时间过长。不要给刚返乡的公职人员过重的工作负担，要允许对方熟悉了解工作内容；任务繁重期间不可工作时间过长，至多每日加班 2 小时；要帮助公职人员了解工作内容，在互相学习的情况下互相提高，为公职人员创造好的工作条件。

（二）落实生活条件

落实公职人员返乡的生活条件有利于吸引更多的公职人员回乡工

作，这为公职人员提供了最基本的生活保障，解决回乡后的后顾之忧，应当从以下几点对公职人员的生活条件进行落实和保障。

1. 解决住房问题　公职人员离开原单位首要关心的就是住宿问题，因此要优先满足住房需求。满足公职人员的住房需求不仅为公职人员提供休息的场所，同时也使公职人员产生"家"的归属感，积极为乡村发展寻找出路和策略。缺乏住房的地区可以建设一批专供公职人员住宿的宿舍，将工程与政策相对接，积极向上级部门争取项目资金支持，按照一人一间或者两人一间的标准进行宿舍的分配，宿舍要配备独立卫浴满足日常生活需要。存在空余住房的乡村可以租用空房供返乡公职人员使用，在满足了住房需要的同时实现了资源的效益最大化。

2. 改善生活环境，完善基础设施　应当对乡村的环境进行治理，为乡村带来新的精神面貌，为返乡公职人员和村民提供一个好的生活环境，完善基础设施，提高返乡公职人员和村民的生活质量，在闲暇之余获得身体和精神的休息。改善生活环境要对乡村的生活垃圾进行统一处理，设立垃圾处理点，由垃圾转运车运输进行集中处理；生活污水应当建设下水道等统一进行处理后排放，积极推进乡村旱改厕行动，改善乡村的空气质量；对于饲养牲畜的农户可以建设场所进行集中饲养，减少对水源及土壤、空气的污染程度，其中，粪便不能沿用过去路边堆放的处理方式，要进行集中运输及再利用。在基础设施建设的项目中，要因地制宜，结合当地的实际情况进行建设，食堂无法满足公职人员和乡村干部需求的，适当扩大面积增加桌椅碗筷等厨具设施；对于澡堂、厕所等无法满足需求的乡村，可以改建冲水式公共厕所及安装太阳能、热水器等沐浴设施予以解决。不仅能够为返乡公职人员提供生活条件，也改善当地的环境和居民生活质量。各地区还应当结合自身的实际情况进行休闲娱乐设施的建设，加大资金投入建设图书馆及文体活动室等，增加图书资源，建设休闲娱乐广场，配备休闲娱乐设施，并且对这些设施进行规范化管理，定期进行维护及更新，使公职人员在闲暇之际能够得到身心的放松及身体的锻炼，也丰富了当地居民的休闲娱乐生活。有条件的乡村可以依据资金概况进行基础设施建设，资金短缺的乡村可以向上级政府申请项目资金，或者引进优秀回乡人士鼓励其为乡村发展作出贡献。

三、加强过程化考核

公职人员的确定主要通过自我推荐、组织推荐及群众推荐等方式，挑选出适合乡村工作的公职人员，返乡为乡村服务；在挑选过程中，重点考查整体素养、文化水平、业绩能力、乡村知识及群众口碑等；挑选出返乡公职人员后也需要对其进行考核，尤其是过程化考核，有利于了解公职人员在乡村工作的实际情况、为乡村带来的贡献及是否适合该项工作等。因此，要对公职人员加强过程化考核。过程化考核具有十分重要的意义，能够督促返乡公职人员认真履行职责，更加了解工作内容，工作高效；营造良好的工作氛围，干群之间关系也更加和谐；为乡村社会经济的发展提供了有力保障，推进乡村各项工作稳步持续进行。

（一）简化考核内容

过程化考核要坚持简单易行的原则，这样有利于过程化考核的频繁进行，更加了解返乡公职人员的实际工作情况。过程化考核的进行主要从以下几方面进行：在岗履职情况，主要考核的是公职人员在本岗位的工作状况及对本职务的任务完成情况，可以每周设置一天乡村全部公职人员及乡村干部都必须在本职位上，为乡村提供各种类型的服务，如种植技术、农业政策及法律咨询等服务，各岗位各司其职，通过考核公职人员为群众解答的态度及内容等进行考核；办公环境卫生状况，办公卫生环境是公职人员每日所处的环境，良好的办公环境不仅会影响公职人员工作心情，同时对公职人员身心健康也有影响，好的办公环境也代表公职人员积极的工作态度，因此应当放入考核内容之中，主要通过考查办公座椅的摆放位置、档案的分类整理程度、办公场所干净明亮等方面，作为公职人员返乡工作过程化考核的内容之一；村务公开状况，公职人员返乡为村民服务，参与乡村事务，因此对公职人员的考核需要从村务公开状况的角度出发，每月或每一季度对村务进行公开，具体间隔时间要因村里事务的数量而定，设置公告栏等，采用图片与文字相结合的方式对村里的重大事项进行公布，尤其是返乡公职人员参与其中或者主导带领进行的，广泛接受村民的监督与意见反馈，取得重大突破与成就的公职人员要上传到相关网站上供其他公职人员参考与借鉴。综上，通过简化考核内容最终实现对公职人员返乡的过程化考核，在考查公职人员工作情况的同时又简化了考核工作。

（二）频繁考核

过程化考核要加大考核频次，频繁进行才能够起到短期与长期共同监督的作用，公职人员返乡工作的乡村应当短则每月长达每一季度对其工作的情况及取得的成效进行检查与考核。督查要坚持全面的原则，对返乡公职人员工作的各方面都要考核，采用高频率的考核能够督促公职人员认真履行职责，在乡村营造出认真工作、为乡民办实事、脚踏实地的良好氛围，促进干部群众关系更加和谐，推进乡村事务及项目等按步顺利进行。

（三）考核要实事求是，遵从事实

公职人员的过程化考核要坚持实事求是的原则，不歪曲事实，考核过程坚持公平公正，按照公职人员日常工作作风及取得的成效来进行考核，反对返乡公职人员做假材料、汇报虚假材料应付考核等恶性事件的发生。坚决杜绝形式主义，将考核与公职人员的日常工作紧密结合，监督公职人员履职概况，帮助公职人员寻找缺点，完善自身工作与能力。

（四）严厉执行考核奖惩

过程化考核的执行要坚持严谨认真的原则，可以设立相应的等级来评判公职人员几方面工作的进行情况。这样既了解公职人员的工作能力和业务能力，还能够将公职人员分为不同的等级，制定不同的奖惩措施，对于考核结束的公职人员设立不同的奖惩等级，优秀的公职人员可以给予奖金、在专业网站上提名表扬、在乡村公告栏予以公开等激励措施；对于考核结果较差的公职人员进行培训授课，观察其日常工作情况给予指导及纠正，帮助掌握农村基层工作知识与业务能力的提高。

（五）其他做法

在对公职人员过程化考核中，也要做到以下几方面完善考核过程，使考核的作用发挥的更佳。成立专门的部门和队伍负责对公职人员返乡工作的考核，该队伍由上级政府和乡村干部共同组成；该部门和队伍成员对考核结果负全部责任，要秉承着客观公正的原则，明确部门工作内容与考核内容，在上级政府内部及乡村中广泛寻找具有考核经验、工作态度认真严谨、具有责任心的人员组建考核队伍，使考核过程更加专业。细化考核方案。考核方案是考核队伍进行考核的方向性指标，也是检查时的具体内容。因此，在执行过程化考核之前，要对方案进行细化与具体，拟定出一份含有具体考核内容的方案，从工作行为、工作习惯、工作态度、工作表现、工作积极性等方面进行全面考核，在每项指标下再细化指标，详细列出能够体现该方面的具体选项，供考核人员进行参考与评分。该方案的执行要与月度考核计划相结合，在总体方案的指引下结合具体工作内容拟定月度考核计划，以公职人员日常工作为基础，参考过去考核工作中的宝贵经验，对考核方案进一步细化与整理，对不便执行与考核的指标进行改良，确保考核过程的科学与效果。

第二节　健全人才工资福利待遇保障政策

一、完善科技人才收入分配机制

科技人才是我们发展的关键因素，我国一直以来都十分重视人才的作用，实行人才强国战略。这是符合我国国情从我国实际出发作出的伟大决策，能够有效地解决我国发展过程中人才短缺的难题，对我国人力资源开发具有重要的指导作用。如今我国提出符合我国国情的又一战略——乡村振兴战略，乡村振兴的顺利实施离不开科技人才，科技人才具有一定的科技方面的才能与特长，掌握先进的知识与生产技术，能够为社会发展作出较大的贡献，乡村振兴战略的顺利实施需要科技人才的力量。因此，应当完善科技人才收入分配机制，从收入角度为服务于乡村的科技人员提供保障，鼓舞更多科技人员为乡村事业的发展贡献力量。

在完善科技人才收入分配机制的过程中，要以科技人员创造的价值作为导向，通过完善收入分配等一系列的举措，使科技人员与其所创造的科技价值、社会价值和经济价值完美结合，在充分发挥科技人员价值的同时起到激励鼓舞作用。要坚持效率优先、兼顾公平的原则，参考市场价格及科技人员带来的收益等因素合理确定科技人员薪酬水平，兼顾公平合理确定不同科技人员之间薪酬水平存在的差距，正确科学发挥薪酬的激励作用。各种灵活的分配方式相结合，根据科技人员取得的科学成果及成就等因素使用多种灵活的分配方式，有针对性地激励不同的科技人员，也要明确用人乡村在科技人才培育过程中的责任，促进科技人才更好地发挥自身的才智，建立完善科技人才收入分配机制，充分调动为乡村基层事业服务的科技人才的积极性。

（一）完善基本工资和人才津贴

基本工资是满足科技人才生存生活最基本的资金来源，科技人才在为乡村振兴出谋划策、作出贡献的同时，也需要考虑谋生等问题。因此，应当完善基本工资，为科技人才提供与市场等价或者稍高于市场价格的基本工资水平，编制工资水平表为各乡村科技人才发放工资提供参考依据，允许工资水平在公平的前提下存在一定的差距，按照岗位等级的高低及科研成果等因素来进行确定，执行相应的岗位和薪级工资标准，使科技人员基本工资的确定存在一定的依据，杜绝不公平现象的产生。也要落实人才津贴，科技人才是宝贵的人力资源，能够促进我国乡村生产力水平的提升，提高农业生产效率，引进许多高效的生产机械，增加粮食产量，促进我国农业生产发展迅速转型。因此，应当落实为乡村服务的科技人才的人才津贴，要按照国家相关规定落实人才津贴，为乡村振兴努力的科技人员落实生活保障、提高待遇，加大乡村吸引科技人才的力度，人才津贴制度的制定既要结合国家的相关规定，也要参考当地的经济发展水平，为科技人才制定合理的人才津贴，更好地激发科技人才创造力与将知识转化为科技成果的能力。

（二）实行绩效工资倾斜

上级政府在计算乡村中人员的绩效工资评定时，要综合考虑各类人才及科技人才聚集情况，对于科技人才数量较多、建设项目较多及乡村振兴任务较为繁重的乡村给予倾斜，允许其绩效工资水平与其他乡村存在着一定的差距，适当地调高该地区的绩效工资水平；对于乡村急缺的一些科技人才可以以较高的薪酬水平引进，满足乡村发展对于人才的需求，上级政府在资金上应当予以一定的支持力度。乡村政府要加强对科技人才的管理力度，确保保持合理数量，以最小的人力及资金成本换取乡村经济与社会的最大发展，实行绩效工资倾斜确保所有需要科技人才的乡村都能够引进人才，也为科技人才的生存与发展提供良好的保障。

（三）实行灵活有效的分配方式

不同的科技人才对于收入分配方式的要求会存在一定的差距。因此，不同的地区要结合科技人才的特性选用不同的分配方式，主要有以下 3 种可供参考：

1. 协议工资制　主要用于那些留在乡村、得到正式聘用并且有编制的科技人才，协议工资制的期限一般为 1～3 年；主要是针对从事一些周期性较强并且还存在一定难度的任务的科技人才，正式确定工资之前，科技人才与乡村两者要清楚工作内容、难度、职责、要求等一系列内容，双方经过谈判，共同协商得出工资的数额，即为协议工资。协议工资需要包含科技人才最基本的工资，也需要包含其他内容。协议工资的确定需要综合考虑较多因素，市场上聘用科技人才的资金决定基本工资的水平，围绕其上下波动，一般要高于市场价格；允许不同地点、不同科技及人才的协议工资存在一定的差距，差距的大小要视科技人才自身科研与实践的能力及科学成果等因素进行确定，能力较高的科技人才予以较高的协议工资水平；协议工资也可根据需要科技人才工作的周期而确定，工作周期短的科技人才相应地提高协议工资水平，更加充分地发挥激励作用；协议需要就科技人才的工作内容、预期目标以及具体职责等内容进行规定，也需要记录后续的考核及奖惩等内容。

2. 年薪制 主要是针对十分紧缺的科技人才，考核成果会以年为单位呈现，考核周期也为年度。年薪制应当包括每月正常发放的工资，用于满足科技人才日常生活、购买生活资料；也包括效益年薪，主要是通过对科技人才所从事工作进行考核与评估后，根据科技人才任务完成情况进行发放的；奖金主要是作为奖励超额完成任务或者取得重大成就的科技人才，奖金能够激发科技人才的工作积极性，积极主动发挥自身才能，推动乡村事业发展及人民生活水平的提高。

3. 项目工资制 主要应用于乡村进行重大工程项目时的主要科技人才，对他们的考核与付酬主要是在项目期内，根据科技人才在项目中所扮演的角色与承担的任务进行分配工资，工资由乡村与科技人才双方共同商议确定；主要用于乡村建设发展中临时需要的科技人才。

乡村的发展离不开科技人才，为了留住科技人才为乡村发展作出贡献，应当灵活运用上述分配方式，对不同的科技人才选用不同的方法，更好地促进激励科技人才为我国乡村振兴与乡村发展贡献力量。

（四）鼓励科技人才创新创业

1. 鼓励科技人才积极参与创新创业 2000 年，科技特派员制度发端于福建省南平市，是习近平总书记在福建省工作时亲切关心指导、总结提升的工作机制创新。自 2019 年来，南平市共有 10 批、9 365 人次科技特派员奔赴农村一线，实现了 1 634 个行政村全覆盖。薛凌展是科技特派员助推乡村产业振兴的一个生动案例，他是福建省淡水水产研究所的工程师。2012 年，他和同事共 7 名科技特派员被派驻到南平市顺昌县，与兆兴鱼种养殖有限公司结成利益共同体。在他们的技术扶持下，兆兴公司成长为福建省规模最大的淡水鱼苗种场。科技特派员们指导农民运用现代科技改造传统农业，逐渐培育出茶叶、水果、蔬菜、食用菌等现代农业产业，奠定了南平农业强市的产业基础。目前，福建省已建设食用菌、竹加工、白羽半番鸭等国家和省级科技特派员创业产业链 13 条，培育了"中国锥栗之乡""中国竹子之乡"等 20 多个品牌。科技人才有知识、有能力，是推进我国社会与经济发展的重要力量，在鼓舞科技人才为我国乡村振兴贡献力量的同时，也要鼓励科技人才积极进行创新创业。这更好地保障了科技人才的收入来源，从某种角度上完善了科技人才的收入分配方式。在资金和政策上要为科技人才保驾护航，为其进行创新创业提供基本保障，采取乡村建设基地专供科技人才使用、对创新创业成功的科技人才给予奖金等奖励形式。

2. 允许科技人才兼职兼薪 允许科技人才在为乡村振兴奋斗的同时，从事其他事务，前提是能够很好地完成本职工作并且存在空余时间，如在乡村任职的同时也从事于相关的科技研究，科技人才所得归个人所有，既丰富充实了科技人才的收入，也更好地实现了其价值。

3. 鼓励科技人才深入乡村进行创新，出台相关政策等 在资金上予以支持，鼓励科技人才深入乡村基层，了解生产的实际情况，针对生产中存在的问题等积极进行创新与解决，为广大群众带来科技成果与科技力量。允许科技人才到就近乡村进行调研与指导，规定每年每个乡村需有一名科技人才下乡予以指导，统计所有科技人才及急需进行指导的乡村，促进乡村科学发展。

(五) 其他

完善科技人才收入分配体系需要从上述角度综合出发，全方位保障科技人才的收入状况。同时，应当采取其他一些措施来进行补充。建立科技人才贡献奖，对一些取得突出科技成果并且投入应用、提高生产力的科技人才进行奖励，政府成立专项资金鼓励科技人才积极创新；加强对科技人才的考核评价，对为乡村工作的科技人才积极考核评价，综合利用年度考核、季度考核等多种形式，在加强对科技人才监督与管理的同时，保障科技人才的收入，使考核与收入共同发挥激励作用；加强对科技人才收入分配事中、事后调节，确保收入分配公平、公开、公正，建立和完善科技人才收入分配管理办法，出台相应细则，充分利用考核结果，采取自查、书面调查及偶尔抽查等方式相结合解决科技人才在收入分配中存在的问题，追究分配不公出现问题等相关人员的责任，切实落实科技人才收入分配机制。

二、健全人才待遇保障新政策

人才是最宝贵的资源，也是我国推进乡村振兴战略最主要的力量。因此，要健全人才待遇保障新政策，为乡村发展吸引并留住人才。主要从以下几方面落实：给予参与乡村振兴的人才财政补贴，从物质角度落实人才待遇保障；注重对人才的精神奖励，从精神角度激励为乡村振兴奋斗的人才；将参与乡村振兴的工作纳入绩效考核，鼓舞更多的人才前往乡村贡献自己的才智；加强人才各方面综合福利待遇，从福利待遇角度更好地保障人才的生活质量；完善农技人才待遇保障，为乡村吸引更多的农技人才，促进乡村生产力的发展与提高；落实政策吸引人才，从政策角度最大限度地支持人才服务于乡村，多角度全方位地健全人才待遇保障。

（一）给予参与乡村振兴的人才财政补贴

财政补贴是较为直接的一种物质激励，能够激发人才参与乡村振兴工作的热情，也能够满足人才在日常科研工作中购买材料等的资金需求，对于工作地点较为遥远的人才应当补贴交通费用，使其产生心理上的平衡感；也应当为人才发放就餐补贴等，帮助减少生活开销，也能够极大地调动人才热爱本职工作，为乡村的发展注入人才的力量。要努力提高为乡村服务人才的薪酬，乡村事业发展任重道远、困难较多、条件艰苦。因此，为乡村服务人才的薪酬水平应当高于市场水平，为乡村振兴人才制定纳税优惠政策，通过减免个人所得税等吸引更多人才为乡村服务，到基层工作；聘请一些高端技术人才，成立专门的乡村振兴人才基金，满足乡村对人才的需求；高薪聘请专业岗位，雇用有技术的人才为我国乡村服务，促进乡村经济发展水平，保障为乡村奋斗人才的薪酬水平；对于一些返乡的专业人才、公职人员等，应当进行统计，在支付薪酬的基础上，为他们解决住房、医疗等难题，发放交通补贴、饮食费用等，从补贴角度出发加大乡村吸引人才的力度，鼓舞人才前往乡村的各行各业，为乡村发展建言献策，促进乡村的全面发展；鼓励部分人才扎根于乡村、留在乡村，薪酬水平随着服务于乡村的年限有所增长，资历较深的人才能够享有住房保障及更高水平的医疗保险，为人才儿女解决入学等问题，为人才留在乡村、发展乡村解决后顾之忧。相比引人，如何用好留下来的人，减少人才流失更关键。东部某城市一位人才管理咨询公司负责人介绍，该市猎头挖走的人才平均年薪 60 万元、引入人才年薪平均 20 万元。导致结构性流失的原因有两方面：一是城市环境；二是就业观念。例如，该市某研究所有一个专利，与省内企业洽谈转化，要价 1 000 万元，企业不停还价，最后砍到 100 万元还觉得多，不了了之；东南某省民企看上项目后，直接开价 5 000 万元，项目落地给当地带来很大效益。民营经济发育不充分，创新人才流出严重与科技成果本地转化率低均会发生。与此同时，该市年轻人偏爱看似稳定的工作，这位人才管理咨询公司负责人介绍，同一时期，为该市"市长公开热线"采取劳务派遣方式录用 60 名接线员，有 500 人报名；而为民营科技创新企业招人，应者寥寥。"有人才找不到用武之地"与"有用武之地招不到人才"并存。

（二）注重对人才的精神奖励

健全人才待遇保障新政策应当从多方面来进行，其中也应当对人才进行精神奖励。精神奖励虽然是一种非物质的奖励形式，但是对于人才激励来说发挥着重要的作用。物质奖励只能够满足人才在物质生活上的需求，而精神奖励则能够满足更高一层次的需求；物质需求会使人才觉得麻木，从而难以更好地起到激励与鼓舞的作用，此时对人才进行精神奖励便能够获得心理上的满足感，是一种自我价值与人生价值得以实现的肯定。因此，提高人才待遇保障中的精神奖励是必不可少的。注重对人才进行精神奖励要以实现对物质的保障为前提，主要依据人才在乡村振兴工作中取得的成效来进行精神奖励，表现形式为人才职称的改变及提名表彰等。人才精神层面得到了满足及肯定会更加热爱乡村振兴工作，投入更多的智力和时间到本项工作，推动乡村振兴战略的实施，促进乡村方方面面的发展。

（三）将参与乡村振兴的工作纳入绩效考核

健全人才待遇保障的最主要目的就是鼓励更多的人才投身于我国的乡村振兴事业，为他们提供更好的保障、解决其后顾之忧。可以出台相应的政策，允许将参与乡村振兴的工作纳入绩效考核，改善与优化对人才进行考核的评价体系，主要针对对象为在城市拥有工作、同时为乡村振兴奋斗的专业人才；将参与乡村振兴的工作纳入考核体系当中意味着为乡村振兴努力不仅仅是一种义务，同时也是工作内容的一部分，在承担职责的同时会得到薪酬，这种连带的考核方式促使专业人才能够更加积极地为乡村发展建设服务。具体做法为，当原单位进行绩效考核时，要将专业人才在乡村作出的贡献纳入考核体系之中，发放薪酬时要按照具体的相关规定支付这些专业人才更多的报酬，考核要公平公正；原单位要与乡村沟通了解专业人才的具体表现与工作成果，一般按照人才薪酬的一定百分比予以倾斜，使绩效考核的作用发挥到最大化。

（四）加强人才各方面综合福利待遇

积极为参与乡村振兴的人才完善社会保险医疗等服务。部分人才来自城市，要建立城乡医保系统的连接及乡村振兴人才就医专业渠道，为人才在乡村乃至全国就医提供便利条件；出台相应的优惠政策，为人才缴纳社保医疗等费用，保障人才身体健康状况；在人才子女就学方面也应当给予优惠政策，为志愿下乡的专业人才子女解决好读书问题，在入学费用及书本费等方面给予一定的优惠；对于工作在乡村基层的人才可以优先为其解决住宿问题，安置好住房可以更好地帮助人才下乡工作克服困难，工作也更加便利；加强乡村各种基础设施建设力度，缺乏资金的乡村可以申请乡村振兴的建设资金，完善乡村道路、修建路灯等，增加公共服务的供给能力，为人才提供更加良好的工作环境和工作条件；积极对乡村文化进行培育，以文化的美丽吸引人才为乡村服务，加强农耕文化的培育，展示乡村独特的文化美丽与内涵，丰富人才的精神世界，鼓舞振奋人心，协力推进乡村振兴事业进步；将下乡工作作为锻炼人才的一种途径，优先提拔、聘用为乡村发展作出大贡献及业绩表现良好的人才，充分实现人才的价值。

（五）完善农技人才待遇保障

农技人才是我国农业得以发展的关键力量因素，他们的科学素质直接影响我国农业发展的现代化水平及先进程度。目前，乡村振兴战略是适合我国国情的、能够推动农村迅速发展的伟大战略，作为农村发展的关键力量，农技人才应当贡献出自己的力量。2012 年，山东省农村工作会议提出"争取 3～5 年时间，全省每个农村社区配备一名全科农业技术员。"提高基层农技推广人员待遇水平，加强基层农技推广人员分层分类定期培训，争取 3 年内对县、乡农技人员轮训一遍，探索建立基层农技推广人员终身教育机制。为培养新型农民，山东将实施"五个一批"实用人才培养工程，同时将农村管理人才队伍建设纳入全省人才培养计划、企业领导干部培训规划、境外进修计划。从政策上鼓励农技人才兼职或者离岗创业，为他们提供优惠的政策，探索促进以经营为目的的农业技术与以公益性为主的农业技术相结合的具体操作步骤，允许农技人才为他人提供服务而获取合理的报酬，鼓励一些事业单位的农技人才在完成本职工作与任务的前提下到农村中为农民及新型农业经营主体进行指导与扶持。这一过程中政府要给予一定的资金从而产生激励作用，指导主要从生产初期播种、中期护理及后期收割等方面进行，对于农业机械的引进、使用等方面也要予以帮扶，鼓励农技人才到乡村或其他农业部门进行兼职，最大化地实现人才的价值，多角度、全方位为农技人才提供待遇保障。

（六）落实政策吸引人才

在全国范围内寻找适合的乡村振兴的拔尖人才，落实相关人才政策，为人才提供良好的发展环境，采取各项措施为人才提供优异满意的服务，积极采取行动落实人才待遇措施。为了培育人才、给人才创造良好环境，山东省各地各出实招。例如，菏泽市曹县制定了《引进高层次人才工作办法》，每年列支 200 万元人才引进专项资金，还将强化返乡创业的农业科技人才财政资金支持。随着乡村振兴战略的实施，越来越多的 80 后、90 后回到农村，越来越多的博士、硕士成为乡村致富带头人。在淄博市博山区中郝峪村，乡村旅游的美好前景吸引了越来越多的年轻人，村里旅游公司引来了 26 名大学生返乡，为旅游发展带来了新点子、新力量。挑选出一些乡村振兴高层次人才为其颁发绿卡，在购房、购车及子女入学等方面全方位为高层次人才保驾护航，在资金补贴上加大对人才计划的投入与平台建设，为人才提供贷款优惠政策和便利，解决其发展的资金问题。为其发展出台一系列的政策，优化人才待遇，让人才体会到自身的重要性与国家的重视力度；优先在研发与工作方面给予支持，满足其为乡村服务的一切基础条件，提供经费满足团队的发展与研究；在生活方面进行扶持与保障，为人才提供公寓，增加为乡村振兴奋斗人才的住房补贴；设立专供人才使用的人才驿站，为人才互相学习、交流、查阅资料提供场所与平台，为人才学习与发展提供最基本的保障，创造便利条件。提高为乡村人才服务的水平，实施安居工程贯彻落实人才的住宿问题，为人才分配住房，确保人才可以享受到保障性住房建设相关优惠政策，切实解决住房难的问题。做好人才及人才项目跟进工作，定期跟进了解人才项目，对项目推进过程中存在的问题要及时予以解决，发挥"一站式"人才服务窗口作用，及时与人才取得沟通联系；积极宣传人才政策，积极解决人才在乡村振兴发展中遇到的困难，为人才提供更加贴心、全面的服务。搭建好各类沟通交流平台为人才服务提供全面的保障，为人才工作与生活创造良好的环境，搭建平台接受人才反馈回来的相关信息，不断完善对人才服务与扶持的政策，切实保障人才待遇。

三、加大乡村人才薪酬激励力度

薪酬主要是指员工向自己的工作单位提供劳务服务而换取的各种形式的酬劳，狭义的薪酬指的是货币或者可以转化为货币；广义的薪酬指的是除了货币形式的，还包括一些非货币形式的酬劳。乡村人才工作于乡村基层，基础设施、公共服务等都较为落后，工作内容十分艰苦，需要投入较多的精力。薪酬是支付给乡村人才最直接的物质奖励，是满足乡村人才生活的最基本的物质保障；也能够增加乡村人才对于乡村的依赖感和归属感，能够满足乡村人才在物质和心理上的需求感。因此，应当从多方面加大对乡村人才的薪酬激励力度，吸引更多的乡村人才投身于乡村振兴建设当中。

（一）优化薪酬激励机制

优化薪酬激励机制，为乡村人才的薪酬激励保驾护航，确保乡村人才受到薪酬奖励的公平性和客观性，为乡村人才劳动支付合理的薪酬；加大对乡村人才的激励力度，促进我国乡村多方面事业的共同发展，推动乡村振兴战略的持续稳步进行。

1. 建立科学的考核制度 考核制度是检验乡村人才工作质量和数量的有效手段，对乡村人才工作进行考核也是薪酬的前提条件和依据，建立科学的考核制度有利于更加准确地了解乡村人才的实际工作情况，也有利于更加科学地发放薪酬，进一步更好地发挥激励作用。在考核的过程中，要保证提供的考核依据的科学性，避免不良现象的产生损害支付薪酬的公平性，要依据乡村人才所属部门或者具体工作内容制定有一定差距的考核标准；确定考核标准，可以由了解乡村工作与人力知识的专家来核定，允许专家到乡村工作地点进行考察与观察，分别制订出各类别工作的考核内容；结合乡村工作的实际情况挑选适合的考核手段与方法，允许各地区结合自身特点选择不同的方法。在实施考核的过程中，需要建立专业的考核团队，与乡村当地政府进行合作，共同对乡村人才的工作状况进行考核，确定合理的薪酬水平，确保薪酬考核过程具有科学性与公平性；更多地收集可反映乡村人才工作状况的数据，为考核过程的进行提供科学依据。允许考核的过程中询问人民群众的意见，多维度地了解乡村人才的工作状况，制订专业的考核计划，提高考核计划的可执行性，为加大对乡村人才薪酬激励力度提供前提条件。

2. 加大薪酬激励资源 为了鼓励乡村人才能够长久地留在乡村基层服务，应当将薪酬激励资源与乡村人才的工作年限相结合，薪酬水平随着乡村人才的工作经历而增长，增长幅度由乡村人才的岗位及工作地点而定，其确定要坚持公平性的原则。加大薪酬激励资源，制定出一些临时性的薪酬激励政策，当乡村人才完成某项任务或项目时，要及时进行支付薪酬等多方面的奖励形式；确定激励过程中薪酬结构的合理性，确保在发挥最大激励性的同时增加薪酬激励资源；从量的角度出发优化薪酬激励机制，为乡村人才带来合理、科学的薪酬机制。

3. 差别化的年终奖制度 仿照企业实行年终奖制度，允许存在着一定的差距，在保障乡村人才最基本薪酬收入的同时，能够持续性地激励乡村人才积极工作。年终奖作为激励机制的一部分，对于乡村人才有着极其重要的激励作用。因此，在促进乡村振兴工作的过程中是至关重要的。为了更好地发挥年终奖激励作用，需要结合乡村的实际情况制定有差异的年终奖，各乡村要积极制定年终奖制度；年终奖的具体内容可以设置为货币，也可以是实物奖励，要设置不同的等级，每一等级需有具体的可考察的要求，年终奖的评选过程要遵循公平的原则，最大限度地发挥激励的作用。

4. 明确乡村人才需求　明确乡村人才的需求有利于更好地采取措施有针对性地留住各种人才为乡村振兴服务。在优化薪酬激励机制时，要充分地考虑各方面人才的需求，可以听取其意见或者采取自助式薪酬激励机制，列出各种福利清单，使乡村人才拥有主动权，选择自身喜好的激励方式；也可以明确各激励的要求，为了得到激励而规范自身行为，产生更加良好的激励效果。这种激励方式是从乡村人才的角度出发，切身为其考虑，不仅使激励的方式多样化，同时也能够激发乡村人才积极工作的动力。

5. 保证公平性和竞争性　在优化乡村人才薪酬激励的过程中，要十分注重公平性和竞争性，公平是更好地发挥薪酬激励作用的前提条件，能够使乡村人才产生心理上的平衡感；乡村人才的薪酬需要具有一定的竞争性，至少要与乡村人才原来工作的薪酬水平相等或者略高，这样能够使乡村人才产生心理上的安全感；要适当地对乡村人才的薪酬情况进行公开，对于薪酬的发放形式及制定依据等内容进行说明，为乡村人才指明日后努力的方向，使薪酬的激励作用能够更加科学地发挥出来。

6. 长期薪酬激励与短期薪酬激励相结合　在优化薪酬激励机制的过程中，要将长期薪酬与短期薪酬激励相结合并能够确定合理的比例。长期薪酬激励主要针对长期工作在乡村的乡村人才，短期激励主要针对短时间内工作在乡村的乡村人才，针对不同的群体采取不同的激励方式能够保障激励的全面性，促进乡村人才全心全意投入乡村振兴的伟大事业中。

（二）拓宽宣传渠道，加大薪酬激励的宣传力度

要发挥激励的最大效用就需要加大宣传力度，帮助在乡村工作的乡村人才了解激励政策的同时，鼓励更多有意愿到乡村工作的人才前往乡村。要充分利用各种途径加大宣传力度，以往通过传单、公告栏、广播电视等的宣传途径已经不能够满足当今社会对于宣传的需求了。因此，应当采用更多途径对乡村人才激励政策进行宣传，帮助人才了解优惠政策，加大薪酬激励力度，在全社会营造为乡村发展服务的热潮。政府应当丰富宣传的方式、增加宣传的力度，增加乡村人才对于乡村工作薪酬政策的了解程度，帮助乡村人才实时掌握薪酬及其他方面的薪酬政策。政府可以邀请政府相关薪酬制定人员为乡村人才开展讲座，帮助乡村人才了解薪酬构成等方面；在网上开通宣传薪酬政策的平台及咨询热线，为存在疑惑的乡村人才解答问题、排除困难；利用新兴媒体广泛对乡村人才薪酬政策进行宣传，如微信公众号、微博等媒介；定期举办会议为乡村人才宣传新政策及互相交流，帮助乡村人才了解熟悉政策的具体内容、薪酬发放的依据及流程，在乡村人才了解薪酬激励及政策的前提下，最大化地鼓舞乡村人才积极参与乡村工作，为乡村事业发展注入新鲜的活力。

（三）切实提高待遇，落实工作补贴

切实提高为乡村服务的乡村人才的待遇水平，落实相应的工作补贴，工作地点偏远及条件艰苦的地区要予以政策倾斜，从补贴方面加大对乡村人才的激励力度。对于乡村人才的经济待遇水平要高于本地区乡镇干部的 10%～20%，这部分资金主要来源于国家的财政支持，同时鼓励从村集体经济收益中抽取部分资金用于加大对乡村人才的薪酬激励力度；建立乡村人才差别化的薪酬激励机制，与基层的实际情况相结合，允许存在自身特色；制定与乡村人才工作绩效相关的正向激励机制；制定乡村人才的年度奖金制度，根据工作状况与业绩颁发；认真落实乡村人才带薪休假制度，按时发放休假人员金额与未休假人才的薪酬；完善乡村人才在岗位聘用和职称评定方面的优惠便利政策，切实保障乡村人才的工作岗位晋升机制，为乡村人才的发展提供保障；要以加大薪酬激励力度为核心，增加多种方式的激励形式，针对需求不同的乡村人才给予不同的激励，最大限度地提高乡村人才的待遇水平。

第三节　提升乡村人才公共服务水平

一、建设农村创新创业支撑服务平台

设立一批乡村人才创新创业实践基地，为乡村人才进行创新提供基础保障，加快促进科技创新力量在农村生根发芽，并转化为相应的成果促进乡村事业的发展。2016 年，黑龙江省启动实施"现代青年农场主计划"，首批培育目标是 368 名、期限 3 年，即培育 2 年、跟踪服务 1 年，为现代农业发展注入新鲜血液。"现代青年农场主计划"不仅传授相关知识和技能，还更加注重对高素质农民成长的全过程培育，包括教育培训、认定管理和政府扶持多方面内容。依托中国农民大学（黑龙江）11 个分院开展培训，组织专家团队，配备创业导师，提供创业兴业支持，认定一批创业孵化基地，为培育对象提升创业能力提供实践平台。积极鼓励高校、科研院所等机构与乡村人才展开合作，在农村设立试种基地、涉农研发平台，对农业生产过程中的种子、化肥、农药及收割过程中的机械设备等方方面面进行研究，在促进乡村人才为乡村事业服务的同时，加大对乡村人才工作的平台建设，促使更多的乡村人才投身于乡村振兴战略的工作中去，努力培养一批精通农业、热爱农业、扎根乡村的乡村人才。加强乡村基层科研单位的建设，由政府对其进行补贴，确保每个基层科研单位能够发挥应有的职能，从多方面、多角度促进乡村事业的发展，每个乡村至少要设立一个基层科研单位，促进本乡村创新事业的发展。鼓励乡村人才积极与企业、高等农业院校及科研院所等展开合作，在本乡村设立农业产业园区、绿色食品产业园区以及科技园区等，在通过园区建设发挥吸引人才作用的同时，促进当地农业及科技创新水平的提高。上级政府应当积极对乡村创新实践基地给予财政补贴，保障科研工作的资金需求得到满足，同时要采取多种措施积极鼓励乡村人才前往创新实践基地工作与创造，结合实际情况完善挂职制度，吸引高等院校及科研院所的人才发挥项目指导、服务、帮扶等功能，对农村创新支撑服务平台发展中遇到的困难和问题进行解决与指引。鼓

励各乡村的创新实践基地互相之间进行交流与沟通，使科技成果发挥最大的功效，各乡村的科技力量都能够得到增强，创新能力得到不断提高。

（一）丰富创新服务实践基地内涵和实效

"创新是一个民族的灵魂，是一个国家兴旺发达的不竭动力"。因此，在我国乡村事业发展的过程中，要加大对创新的重视程度，丰富创新服务实践基地内涵和实效，更好地帮助乡村人才进行创新。创新服务实践基地为乡村人才提供更多的支持保障，帮助乡村人才接触创新知识、锻炼创新能力，丰富创新服务实践基地的内涵，鼓励乡村人才将知识转化为成果，积极对乡村人才进行创新实践培训，鼓励乡村人才自主选择研究与创新的方向，形成专业的团队，帮助乡村人才形成科学的思维方式等角度出发，鼓励与促进乡村人才创新能力的提高及创新水平的提升。鼓励乡村人才积极参与创新项目，将得到的培训的知识与能力投入实践，更好地将知识转化为科研产品，在完成项目促进乡村发展的同时，提升乡村人才的科技创新能力，最大化地保障创新服务实践基地发挥应有的效用。江苏省徐州市贾汪区为了避免因"看不到未来"而流失人才，也防止地方发展战略和人才自我规划变成平行线、两张皮，贾汪区不仅大力支持和推进各类创新平台，为人才创业提供坚实舞台，还同时坚持精准引才，推动澳大利亚籍工程院院士、英国皇家科学院生物炭土壤修复项目等一大批与本地产业发展深度契合的人才和项目落地，开创了双赢局面。

（二）推动农村创业服务基地的功能整合和业务拓展

为乡村人才带来创业教育，切实提高与发挥创业教育的效用，帮助乡村人才树立正确科学的创业观念。可以聘请专业的创新创业方面的专家为乡村人才进行相关知识的讲解，为乡村人才进行创新创业做好基础理论知识的准备，帮助其引导乡村人才树立科学的创业观念，形成正确的创业动机，鼓励社会知名创业成功人士为乡村人才开设讲座，分享创新创业过程中的成功经验，确保乡村人才具有创业的积极性与不怕失败的勇气，从思想层面为乡村人才创新创业打下基础准备。增加创业咨询内容，为在创业过程中存在问题的乡村人才排忧解难，政府为主办方成立专业的创业咨询团队及相应的法律咨询中心，为创业过程中存在疑惑或者相关法律问题的乡村人才进行指导，可采用电话咨询或定期举办会议等方式进行，专家咨询组的组成成员可以由高校创业教师、创新创业专家及一些专业的成功人士组成，应当由政府对其进行一定的资金补贴作为报酬。进行创业模拟体验，乡村人才之间进行创业竞赛等项目，激发创新灵感等的涌现，培养乡村人才的创业意识和创业能力。鼓励乡村人才了解创业成功的企业和项目，从中借鉴有价值的经验，积极动脑思考，结合乡村实际与乡村工作情况，促进乡村事业的发展。提高项目的孵化成效，建设创业服务基地及培养乡村人才的创业能力最终都是为了提高项目的孵化成效，鼓励知识及想法转化为科技成果，促使乡村人才将所用转化为科技成果，促进我国乡村社会、经济和农业的发展。

（三）争取社会资源支持的力度和幅度

积极引进社会资金，提出一些有想法、有潜力的项目面向全社会招商，不定期地对这些项目进行考察与研究，评估其价值，努力使科研成果能够在促进乡村发展的同时增加企业的收益，积极鼓励企业在乡村开设工厂等行为，在引资的同时促进当地经济发展、提升乡村科技水平与能力。建设网络交易平台，促进乡村研究内容与企业等需求相对接，平台要对承接项目的乡村人才的能力以及产生需求企业的经济状况、信誉状况等进行完善记录与监督，为平台顺利开展做好前提准备。创建乡村人才创业园，为乡村人才进行创业提供实践基地，确保创业活动的顺利开展。

二、优化公共服务办事流程

为乡村人才提供优质、快捷、高效的公共服务，能够对乡村工作人才产生良好的激励作用，能够提升乡村人才生活质量，能够改善政府职能，能够更好地为乡村人才服务、改善过去"办事难"的现象。因此，应当解决这些现实问题，进一步提高公共服务的质量及效率，为乡村人才提供公平、可及、良好的公共服务，从优化公共服务办事流程角度出发，为乡村人才的工作生活提供保障，发挥激励作用。

2007年，河南省邓州市采取优先拨付扶持资金、优先办理各种证照、优先提供贷款等措施，为农民创业搭建"绿色通道"，使一批经济能人脱颖而出。眼下，致富能人已有2 000多人，带动50多万名农民增收。邓州市积极采取有效措施，一方面，利用成人学校、劳务中心等阵地培育优势农户，通过派出专业技术尖子和优势农户、经济能人"结对帮扶"；另一方面，通过一系列激励政策措施，吸引一批既有先进理念的经济能人、又有一定资金积累的新型农民回乡创业，激活农村人才的创业激情。10多万名农民实现了从吃"体力饭"到吃"技术饭"的根本转变。

优化公共服务办事流程要坚持以下原则：便民利民的原则，全面简化办事环节和手续，为乡村人才到乡村工作提供便利，使乡村人才能够迅速办理相关事宜；依法依规原则，优化公共服务办事流程要严格遵循法律法规，维护乡村人才的合法权益，推进公共服务事业公平、公开、制度化与规范化；事项公开原则，全面公开公共服务事项，使办事流程更加公开与透明，向群众与社会展示办事流程、提供查询与核查，切实保障乡村人才的知情权与监督权等权益。

1. 要对公共服务事项进行公开与梳理　全面了解乡村人才在投身于乡村事业过程中，需要办理的手续及所需的公共服务，全面梳理与调整，列出乡村人才需要的公共服务目录；并且对其办理过程进行具体调整，逐项公共服务办事流程要编制相应的指南，这些具体内容需要通过乡村振兴相关网站及宣传手册等途径进行宣传与推广。

2. 削减多余手续及证明等流程　严格控制所需的手续及证明等内容，对于政策及法规未作明确要求的手续证明环节在原则上应直接取消；加强办理部门之间的合作，办事部门能够直接从其他部门得到的，不允许再次向办事人员索要。探索公共服务办事新的流程，提高公共事务办理的效率；允许乡村人才在网站上填报资料表明所需资料完整性的前提下，优先审查该情况并且及时作出处理，最大化地提高为乡村人才办理公共服务的流程。

3. 加强部门间的信息沟通与协作　推进公共服务信息平台建设，加强乡村地区与城市地区之间的信息交流体系建设，促进办事部门之间的信息沟通与交换及公共服务事业的衔接，通过迅速交换信息等途径来为乡村人才办理公共服务，减少需要劳烦乡村人才多次奔波及重复提供相应证明等情况的反复发生，充分利用网络资源优化公共服务办事流程。

4. 推进网上办理与查询　优化公共服务办事流程应当最大化地为乡村人才提供便利条件，可以设立专门的网站来负责乡村人才公共服务网上办理及查询服务。这样乡村人才就能够在足不出户的前提下完成办理；也能够解答对公共服务存在的疑惑，要及时对乡村人才提出的申请及疑惑进行回应。要综合利用多种方式为乡村人才提供更加全面及良好的服务，设立网上办理、政务大厅及客户端等多种形式，为乡村人才提供迅速并且便捷的服务。

5. 加强服务能力建设及作风建设　要加强为乡村人才公共服务的能力水平建设，建立健全文明规则，从乡村人才的角度出发为其提供更加贴心的服务。要加强对乡村人才公共服务过程的监督，对存在问题的工作单位要及时进行整治，加大问责追责制度，加强考核监督力度，确保为乡村人才提供满意的服务。

三、完善家属就业安置服务

部分乡村人才在为乡村服务的过程中，会携带家属前往工作地。因此，就需要从家属角度出发，为乡村人才在基层奋斗保驾护航。应当结合乡村的具体情况，妥善安置其家属就业，为其提供合适的工作岗位，在保障乡村人才家庭收入的同时为乡村人才解决后顾之忧。

（一）加大对乡村人才家属就业安置的重视程度

在乡村振兴的过程中，多数情况下只关注到了所取得的成就，而轻视了广大乡村人才的艰苦努力，也就忽视了安置乡村人才家属就业的重要性。完善乡村人才家属就业安置服务具有十分重要的意义，它能够帮助乡村人才建立心理上的安全感，为乡村人才的生活提供保障，维持乡村人才工作团队的稳定，提升乡村人才工作的积极性，更好地激励乡村人才努力工作，也能够促使更多的乡村人才投身于乡村建设的伟大征程中去。因此，应当加大对乡村人才家属安置的重视程度，采取相应措施办法为家属的就业提供保障。

政府要出台相关文件，对安置乡村人才家属就业进行详细阐明，并向下级政府及乡村进行转达，确保各层级能够树立对安置乡村人才家属就业的重视性，视乡村的情况安置乡村人才家属，要加大对安置乡村人才家属重要性的宣传力度，可以通过印发宣传手册、广播、微信公众号、微博等途径，确保有条件的乡村能够为乡村人才家属提供合适工作。另外，加大宣传力度也有利于社会各界人才注意到国家对乡村人才的重视程度，激发其为乡村振兴奋斗的热情，为乡村发展吸引更多乡村人才。

（二）建立乡村人才家属就业安置体系

建立科学、完善、符合实际情况的乡村人才家属就业安置体系具有十分重要的意义，能够规范安置就业行为，为乡村人才家属提供更好的服务。应当成立专门的机构来负责，该机构的组成成员可以由上级政府和乡村政府工作人员共同组成，乡村人员提供信息，与上级政府人员共同议定，需征询乡村人才家属的意见，最终形成决定。该体系的建立应当伴随法规文件的制定，为安置工作提供依据及规范。体系的建立要遵循一定的原则，满足结构合理，符合各地方的实际情况，层次分明，具有实际的指导与操作意义，相互协调，上下级政府及家属与乡村之间要协调配合，并结合实施情况对体系进行适当调整与监督，确保落实相关政策，为乡村人才家属提供良好的就业安置。上级政府与乡村之间要建立紧密的合作机制，互相配合协调，共同推进乡村人才家属安置工作的进行，可以在上级政府建立乡村人才配偶就业安置领导小组，定期召开会议对以往配偶安置工作情况进行总结与讨论，分析安置工作目前形势，吸取总结以往的经验教训，进一步更好地解决问题，并对接下来的任务进行部署规划。在乡村一级，要设置专门的人员负责乡村人才配偶就业安置工作，认真了解本乡村的工作岗位空缺状况及需要劳动力的职业，并记录乡村人才配偶年龄、学历、工作状况及求职愿望的信息，对其进行管理及分析，最大限度地实现相匹配，并对后续的情况进行跟踪了解。定期举办乡村人才配偶就业洽谈会，对其就业等情况进行指导，对自谋生路、创业等的乡村人才配偶给予一定的政策优惠及扶持，为其提供优惠的贷款服务，为有求知意愿的乡村人才配偶积极介绍工作等。要鼓励建立为乡村人才配偶志愿服务的民间组织，建立全方位的乡村人才家属就业安置体系，最大限度地保障乡村人才工作得到落实。

(三) 完善政策，加强保障

我国是一个法制化的国家，为了推动一项工作持续有效地进行，就需要出台相应的政策进行指导与规范，才能更好地稳定局面、拓展工作的深度和广度、推动乡村人才配偶工作安置任务的进一步开展。乡村振兴战略是我国在全国范围内推动开展的，应当在全国出台统一的政策文件对乡村人才配偶就业安置工作进行指导，也为安置工作的展开提供法律支撑，对乡村人才配偶安置工作的原则、体系、运作标准、机制等一系列的相关内容进行规定，明确各相关部门的具体责任及任务，允许各地方结合自己的实际情况作出调整，但也要避免各地方规章制度存在较大差异、可操作性差的现象出现。政策的制定纵向上依据效力的大小进行划分，横向上则依据配偶就业配置的具体内容来进行相关规定，如战略角度、资源管理及信息等内容。政策的内容要全面、具有较强的指导意义与规范作用，需要上下层级共同作出努力来完成，也要适应于我国的国情与乡情，有利于更好地推动乡村人才配偶安置工作的进一步展开，推动我国乡村振兴战略的实施。

(四) 乡村人才配偶安置工作的展开

乡村人才配偶安置工作可以按照以下几个大方向来进行，方向是总体工作的前进路线，指引乡村人才配偶工作的顺利开展。配偶安置工作要遵循对等、自愿的原则，确保发挥配偶的才智与能力，尽量为其安置合适的、合理的工作岗位，安置过程中也要遵循配偶的意愿，在双方达成一致的情况下完成安置工作。对于配偶属于公务员或者事业编单位的，应当将其统筹安排到区、县或者乡政府的相关部门，符合条件的也可以分配到乡村人才工作的单位；安置工作有困难的乡村可以由上级政府出面为其在附近地区安置工作；对于无法安置的乡村人才配偶要结合当地的物价水准及工资水平对其进行补贴，保障其基本生活状况；积极鼓励乡村人才配偶在乡村开展自主创业等活动，出台相应的优惠政策，对存在问题的创业配偶提供咨询等服务，不仅能够解决乡村人才配偶的就业安置问题，也能够带动乡村当地经济的发展水平；设立配偶随迁安置补贴，对跟随乡村人才迁往乡村的配偶进行一次性补贴，具体补贴奖金依据乡村人才工作难度、强度及重要程度来确定，严格监督发放程序及进程的展开；各级事业单位要积极配合乡村人才配偶工作的开展，有能力的单位为配偶提供工作岗位。

乡村配偶人才安置工作的展开要遵循一定的程序，乡村人才工作单位需要向乡村人才服务窗口递交申请及材料，材料包括申请表、乡村人才工作证明、夫妻双方结婚证和身份证及其他一些配偶的简历、证书等内容；人才服务窗口对资料进行整理与审批，报送上级政府进行处理，上级政府进行审核确定等内容之后，制定相应的政策及文件研究布置方案；上级政府与乡村及配偶召开会议，多方就配置方案进行谈论，力争达成一致，并对后续的工作进展进行监督。

四、优化子女入学和医疗保健服务

部分乡村人才在为乡村工作与服务时，会选择携带子女长年工作于此，就面临着子女入学的问题。为了全方位更好地为乡村人才提供保障，应当为乡村人才子女优化入学服务及医疗保健服务，减少乡村人才及生病医疗的相关费用，全方位地为乡村人才的生活提供保障，解决其困扰，促使乡村人才更好地为乡村服务。

（一）优化子女入学服务

为了贯彻落实乡村振兴战略，为乡村振兴战略引进更多人才，优化乡村人才引进的环境，吸引更多的乡村人才投身于乡村各方面的建设，应当加大对乡村人才子女入学的重视程度，积极采取相关措施优化为子女入学服务，保障乡村人才子女能够接收到良好的教育，为国家发展培育后续力量。乡村子女入学的服务应当遵循就近安置的原则，一方面，能够帮助子女获得受教育的机会；另一方面，也便于乡村人才对子女进行照顾，帮助子女顺利健康成长。在为子女提供服务的过程中，应当结合乡村人才的工作地点综合考虑入学地址、教学质量、学费状况等因素，逐步建立以居住证作为主要依据的随迁子女入学政策，简化乡村人才子女入学的流程及手续，为乡村人才子女入学提供便利条件，保障其能够平等地接受教育的权利，并且明确要求各学校不可向乡村人才子女收取额外的费用。政府可以出台相应的政策文件对乡村人才子女入学事项进行明确规定，并且在相关网页上予以公示，供乡村人才进行查看，同时也为乡村人才子女入学服务工作的展开提供了操作依据与指导，公开乡村人才子女入学的咨询热线，为乡村人才子女入学解答疑惑。

对于为乡村工作的乡村人才的子女需要持户口本、暂住证及学籍等相关资料，到管辖该乡村的教育行政部门办理申请等手续，入学手续一般应当在学生开学前进行办理。若乡村人才子女因事选择在学期中进行申请，也应当迅速予以办理。教育行政部门应当遵循本人意愿，就近安置学校。对于幼儿园阶段的乡村人才子女需要首先向当地教育行政部门提出入学申请，区级教育行政部门或乡政府负责联络幼儿园、及时对申请作出回复等，同意接收乡村人才子女后需要到医疗机构进行身体检查，符合条件即可在半月内安排乡村人才子女进行入学。对于处于小学及初中阶段的乡村人才子女需要向区级教育行政部门提出入学申请，区级教育部门或乡政府需要对申请进行处理及回复，在 15 个工作日内安排乡村人才子女入学，在子女入学的同时需要到相应部门办理学籍的转接等手续，并为乡村人才子女提供免费书本等服务。

（二）优化医疗保健服务

乡村人才前往乡村工作，环境较为陌生，就医等可能会存在问题，应当优化医疗保健服务，为乡村人才的基本生活及健康提供保障。制定相应的规则为不同等级的乡村人才提供不同的医疗保健水平，根据乡村人才工作内容的难度及工作的重要程度分别可以享受不同的医疗保健待遇，工作重要性较高或者存在危险状况的乡村人才应当使其享受省二级医疗保健待遇，不满足二级医疗保健待遇的人才享受与普通工作人员或者原单位相同的医疗待遇，从而产生更加良好的激励和保障作用。成立专门的工作小组负责此项工作的展开，加大相关具体政策的宣传力度，保障乡村人才在下乡工作之前了解具体的政策内容。需用人单位工作小组出示相关的证明到卫生行政部门或者相应的医疗保险办理机构，按照相应的具体准则及政策办理相应的手续，医疗经费来源应当成立专门的乡村人才医疗项目资金，为其享受医疗服务提供资金保障。医疗保健过程中涉及的各相应部门应当按照各自的职能业务，优化服务，简化办理手续，为乡村人才办理医疗保健服务。每年为乡村人才在指定医疗机构提供一次免费全身体检的服务，实时了解乡村人才的身体状况，为身体状况欠佳的乡村人才提供医疗服务；建立乡村人才健康医疗档案，了解乡村人才以往病史及身体状况，有利于后期治疗与调养等工作的展开；在指定医院开设乡村人才就医预约通道，为乡村人才就医提供绿色通道、节约时间等便利条件，帮助乡村人才及时得到医疗服务，为乡村人才身体状况提供保障，为乡村振兴战略的实施提供人才保障。还应当结合不同乡村人才的需求出台一些新的措施，可以根据一定的规则为乡村人才颁发不同等级的医疗补助，定期举办专家巡诊、会诊等活动，为乡村人才提供偶然性的医疗服务与诊断、医疗讲座、健康咨询等服务相结合，为乡村人才宣传和解答医疗方面的知识与困惑，更好地为乡村人才提供医疗服务。

为乡村人才提供良好的保健服务。为乡村人才办理社会保险，并且享受相应的社会保险待遇，划定科学的依据以便合理规范出乡村人才的范围，按照相应的工作办法为乡村人才办理社会保险，为乡村人才提供良好的保健服务，需设立专门的项目资金来满足乡村人才办理社会保险的需求。同时，允许采用商业保险来进行补充，全方位地为乡村人才保驾护航，预防任何意外情况的产生。乡村人才在乡村工作期间要继续为其缴纳养老保险，与之前工作的年限相累计，为每一地区的乡村人才配置医疗保健联系人，主要负责乡村人才保健医疗等的预约、与医院等进行协调以及后续情况的记录等，应当为乡村人才提供查询等服务，根据乡村人才不同的身体健康状况等因素为其配备保健医生，及时迅速解决乡村人才在健康方面存在的难题；为各乡村人才建立人才健康档案，持续性记载乡村人才的身体健康及疾病情况，根据实际情况实时更新，为乡村人才疾病治疗等提供依据；为乡村人才家属也应当提供良好的保健服务，为家属提供就医、急诊等绿色通道。

主 要 参 考 文 献

本刊编辑部，2017. 乡村振兴　人才是关键 [J]. 植物医生（12）.

蔡丽君，2018. 实现农村产业兴旺的对策研究 [J]. 农业经济（9）：22 - 23.

陈凡学，孙兴民，钱多，2019. 农业职业院校助力乡村人才振兴路径探析 [J/OL].
　　浙江农业科学（8）：1474 - 1476

陈慧，2011. 中国共产党政治宣传方法研究 [D]. 徐州：徐州师范大学.

陈玲玲，2018. 大力培育新型职业农民为乡村振兴提供人才支撑 [J]. 现代化农业
　　（5）：64 - 65.

陈文胜，2018. 推动乡村产业振兴 [J]. 衡阳通讯（3）.

陈宇，2019. 实施乡村振兴战略中如何实现产业兴旺 [J]. 新西部（1）：67，59.

成敦杰，孙孝龙，2014. 借鉴德国"双元制"推进五年制高职农业专业教育教学改
　　革 [J]. 中国成人教育（1）：78 - 80.

虫二，2018. 农村电商的网红养成计划 [J]. 现代企业文化（上旬）（8）：40 - 41.

董向东，2019. 产业振兴是乡村振兴的基础 [J]. 甘肃农业，500（2）：51 - 54.

范昊天，田豆豆，2018. 探索新路子培养"金凤凰" [N]. 人民日报，08 - 10
　　（008）.

高鸣，武昀寰，邱楠，2018. 乡村振兴战略下农村人才培养：国际经验视角 [J]. 世
　　界农业，472（8）：178 - 184.

高琦，2018. 激发人才活力推进乡村振兴 [J]. 人民论坛（14）：56 - 57.

固组轩，2015. 宁夏固原农村实用人才培训显实效 [N/OL]. 中国组织人事报，
　　05 - 11.

顾仲阳，2018. 乡村振兴，人才怎样回流 [N]. 人民日报，04 - 08（008）.

关宗干，1986. 农村建立综合农业体系需要什么样的人才 [J]. 桂海论丛（2）：
　　56 - 58.

郭晓鸣，曾旭晖，2019. 我省乡村振兴中农民工返乡面临的障碍与对策 [N]. 四川
　　日报，07 - 04.

何光全，2018. 现代化视野下的我国农民教育问题 [J]. 现代远程教育研究（1）：
　　68 - 77.

胡婷，2019. 农村实用人才队伍建设视角下高职院校人才培养探析 [J]. 人才资源开发 (13)：31-32.

胡永万，2017. 为推进乡村振兴提供有力的人才支撑 [J]. 农村工作通讯 (24)：27-30.

黄俊，2016. 农村公共政策传播的路径及效果研究 [D]. 成都：成都理工大学.

江萌，2017. 咸宁推行一村多名大学生计划 [N]. 湖北日报，05-31.

姜乾相，张晓慧，2018. 淄博张店湖田街道：强化三项机制推动人才工作 [N/OL]. 新华网，12-29.

景立新，2019. 大力培育新型职业农民为乡村振兴提供人才保障 [J]. 中国农村教育，291 (5)：34-35.

柯炳生，2018. 用人才推动乡村产业振兴 [J]. 农民科技培训，206 (12)：27-29.

李德福，2016. 我国贫困农村政策落实的现实阻力与解决途径 [J]. 开发研究 (3)：102-106.

李杜，2019. 激活人才要素推动乡村振兴 [J]. 领导科学 (11).

李将，王有波，2019. 济南市农业农村人才队伍建设面临的新形势与任务 [J]. 农家参谋 (12)：1.

李进伟，2018. 人才战略如何助力农村"三产融合" [N]. 河北经济日报，09-19 (8).

李明，赵平，黄洁，等，2019. 乡村振兴战略背景下加强基层领导干部队伍建设的调查与思考 [J]. 中共乐山市委党校学报，21 (4)：17-22.

李宁，2018. 乡村振兴背景下推进人才强农战略路径研究 [J]. 农业经济 (10).

李伟，2018. 贫困地区"政策下乡"的宣传困境及其破解——基于 A 省五县市的调查 [J]. 山西农业大学学报（社会科学版），17 (9)：6-11.

刘馨，2018. 关于乡村人才振兴的研究 [J]. 农场经济管理 (10)：18-22.

刘益真，2017. 发达国家新型职业农民培育经验及其启示 [J]. 合作经济与科技 (6)：144-145.

罗俊波，2018. 推动乡村振兴需补齐"人才短板"[J]. 人民论坛 (30)：72-73.

马贵舫，2012. 农村人才开发之道 [M]. 北京：国家行政学院出版社.

苗晓丹，刘立新，刘杰，2015. 德国农业职业教育体系及其主要特点 [J]. 中国农村经济 (6)：85-95.

潘俊强，2018. 培育"新农人"带富新农村 [N]. 人民日报，08-22 (011).

潘伟，2018. 振兴乡村应调动土专家主动性 [N]. 人民政报，09-03 (006).

齐国，2015. 大力培育新型职业农民为建设美丽乡村提供产业和人才支撑 [J]. 农民科技培训 (7)：12.

祁坤，葛自强，2019. 以人才引领乡村振兴 [J]. 现代农业研究，42 (6)：23 - 24.

沈立宏，2017. 打好农业农村"人才牌"培育乡村振兴生力军 [J]. 农村工作通讯 (23)：55 - 56.

汪恭礼，2018. 乡村振兴战略视角下的农村三次产业融合发展探析 [J]. 河北大学学报（哲学社会科学版），43 (6)：118 - 127.

王玉东，陈晖涛，2018. 校村联合培育新型职业农民——基于乡村人才振兴的路径思考 [J]. 青岛农业大学学报（社会科学版），30 (3)：16 - 20.

韦奋飞，2019. 试论当前如何发挥人才优势助推乡村振兴 [J]. 科技经济导刊，27 (15)：173，219.

文引学，2018. 以培育新型职业农民支撑乡村人才振兴 [J]. 农民科技培训，206 (12)：21 - 22.

吴美平，2009. 当前我国产业结构的现状、特点及演进方向 [J]. 商场现代化 (23)：75 - 76.

谢新玲，2019. 现代农业园区农业科技服务的特点及形式 [J]. 农家参谋 (15)：24.

徐永兴，2019. 以农业产业扶贫助推乡村振兴 [J]. 农业开发与装备 (5)：79.

闫志华，张天惠，2018. 浅谈如何振兴乡村产业 [J]. 河北农业，No.277 (4)：61 - 62.

杨邦杰，2017. 乡村振兴：产业、基建、人才与政策 [J]. 中国人大 (23)：31 - 33.

杨宁，陈晓暾，白帆，2019. 乡村振兴战略下农村人才振兴的探究 [J]. 现代营销（信息版）(6)：185 - 186.

佚名，2016. 关于促进农村电子商务加快发展的指导意见 [J]. 新农村 (1)：3 - 4.

尹洁，余欢欢，2018. 试析乡村振兴战略中的队伍建设问题 [J]. 唐都学刊，34 (3)：109 - 114.

张海霞，2018. 乡村振兴，产业如何兴旺 [J]. 农村经济与科技，29 (21)：257 - 258.

张虎山，2019. 如何让农村留住人——关于推进乡村振兴战略的几点思考 [J]. 发展 (1)：37 - 38.

张涛，2019. "互联网＋"背景下休闲农场发展问题研究 [J]. 经济研究导刊 (19)：9，25.

张彤，李亚勍，蒋红波，等，2019. 创业型农业人才培养的实践探讨——以西南大学为例 [J]. 西南师范大学学报（自然科学版），44 (7)：167 - 172.

张晓霞，张虎天，2019. 浅析农村实用人才战略助推乡村振兴 [J]. 甘肃农业 (5)：43 - 45.

张钟，张建康，杨世先，等，2018. 在"互联网＋"背景下的农业人才培养 [J]. 农业科技通讯 (3)：14 - 15.

赵秀玲，2018. 乡村振兴下的人才发展战略构想 [J]. 教育文化论坛，10 (3)：143.

周向红，徐翔，2005. 意见领袖：现阶段农村公共政策宣传的重要变量 [J]. 同济大学学报（社会科学版）(1)：120-124.

周晓晶，董大朋，田宏，等，2019. 乡村振兴背景下黑龙江省农村三产融合路径分析 [J]. 黑龙江农业科学 (8)：141-144.

朱丽苹，2013. 农村政策宣传渠道与方法研究 [D]. 武汉：华中农业大学.

朱宇航，2019. 高校乡村振兴人才培养的对策研究 [J]. 长春工程学院学报（社会科学版），20 (1)：99-102.